必ず一度は訪れたい！

日本の世界遺産ガイド

必ず一度は訪れたい!

日本の世界遺産ガイド

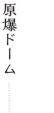

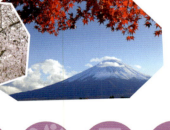

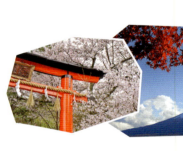

14 古都京都の文化財 64

15 姫路城 70

16 白川郷・五箇山の合掌造り集落 74

17 琉球王国のグスク及び関連遺産群 76

4章 モノづくりの原点へ 80

18 明治日本の産業革命遺産 製鉄・製鋼、造船、石炭産業 82

19 富岡製糸場と絹産業遺産群 88

20 石見銀山遺跡とその文化的景観 90

国内の世界遺産暫定リスト 92

※本書で掲載している情報はすべて2016年6月現在のものです。開館時間や各種料金などは、変更されている場合があるため、訪問前に事前の確認をおすすめいたします。

本書の見方

登録基準

(i)	人間の創造的才能を表す傑作。
(ii)	建築、科学技術、記念碑、都市計画、景観設計の発展に重要な影響を与えた、ある期間にわたる価値観の交流または文化圏内での価値観の交流を示すもの。
(iii)	現存・消滅にかかわらず、文化的伝統または文明の存在を伝承する物証として無二の存在(少なくとも希有な存在)であるもの。
(iv)	歴史上の重要な段階を物語る建築物、その集合体、科学技術の集合体、あるいは景観を代表する顕著な見本。
(v)	ある文化(または複数の文化)を特徴づけるような伝統的居住形態もしくは陸上・海上の土地利用形態を代表する顕著な見本。または、特に存在が危ぶまれている、人類と環境とのふれあいを代表する顕著な見本。
(vi)	顕著な普遍的価値を有する出来事、生きた伝統、思想、信仰、芸術的作品、文学的作品と直接あるいは実質的関連がある。(この基準は、ほかの基準との併用が望ましい)
(vii)	最上級の自然現象、類まれな自然美・美的価値を有する地域を包含する。
(viii)	生命進化の記録や、地形形成における重要な進行中の地質学的過程、または重要な地形学的、自然地理学的特徴といった、地球の歴史の主要な段階を代表する顕著な見本。
(ix)	陸上・淡水域・沿岸・海洋の生態系や動植物群集の進化、発展において、重要な進行中の生態学的過程・生物学的過程を代表する顕著な見本。
(x)	学術上・保全上顕著な普遍的価値を有し、絶滅のおそれのある種の生息地など、生物多様性の生息域内保全にとって最も重要な自然の生息地を包含する地域。

1	**登録年**	世界遺産リストに登録された年。
2	**登録基準**	左の10項目のうち満たしている基準。
3	**構成資産**	その世界遺産内に含まれる物件や土地。多くの世界遺産は複数の資産で構成されている。
4	**核心地域と緩衝地域**	世界遺産リストに直接登録され、厳格に保護されるべき区画や資産である核心地域(コアゾーン、プロパティともいう)と、それを囲むように設けられる緩衝地域(バッファゾーン)がある。なお、緩衝地域は必ず設けられるわけではない。

北海道
青森
秋田
岩手
山形
宮城
新潟
群馬
茨城
埼玉
山梨
東京
千葉
神奈川
沖縄
自然遺産
2 知床 Shiretoko
▶P14
自然遺産
3 白神山地 Shirakami-Sanchi
▶P18
文化遺産
9 平泉
—仏国土(浄土)を表す建築・庭園及び考古学的遺跡群—
Hiraizumi-Temples,Gardens and Archaeological Sites Representing the Buddhist Pure Land
▶P44
文化遺産
7 日光の社寺
Shrines and Temples of Nikko
▶P36
文化遺産
19 富岡製糸場と絹産業遺産群
The Tomioka Silk Mill and Related Sites
▶P88
自然遺産
4 小笠原諸島 Ogasawara Islands
▶P22
文化遺産
1 ル・コルビュジエの建築作品
—近代建築運動への顕著な貢献—
(国立西洋美術館)
The Architectural Work of Le Corbusier, an Outstanding Contribution to the Modern Movement
▶P8
文化遺産
8 富士山
—信仰の対象と芸術の源泉—
Fujisan, Sacred Place and Source of Artistic Inspiration
▶P40
文化遺産
17 琉球王国のグスク及び関連遺産群
Gusuku Sites and Related Properties of the Kingdom of Ryukyu
▶P76

日本の世界遺産MAP

文化遺産
白川郷・五箇山の合掌造り集落 16
Historic Villages of Shirakawa-go and Gokayama
▶P74

文化遺産
古都京都の文化財 14
Historic Monuments of Ancient Kyoto (Kyoto,Uji and Otsu Cities)
▶P64

文化遺産
法隆寺地域の仏教建造物 13
Buddhist Monuments in the Horyu-ji Area
▶P62

文化遺産
石見銀山遺跡とその文化的景観 20
Iwami Ginzan Silver Mine and its Cultural Landscape
▶P90

文化遺産
姫路城 15
Himeji-jo
▶P70

文化遺産
原爆ドーム 11
Hiroshima Peace Memorial (Genbaku Dome)
▶P50

文化遺産
嚴島神社 10
Itsukushima Shinto Shrine
▶P48

文化遺産
明治日本の産業革命遺産 18
製鉄・製鋼、造船、石炭産業
Sites of Japan's Meiji Industrial Revolution: Iron and Steel, Shipbuilding and Coal Mining
▶P82

文化遺産
6 紀伊山地の霊場と参詣道
Sacred Sites and Pilgrimage Routes in the Kii Mountain Range
▶P32

文化遺産
古都奈良の文化財 12
Historic Monuments of Ancient Nara
▶P56

自然遺産
5 屋久島 Yakushima
▶P26

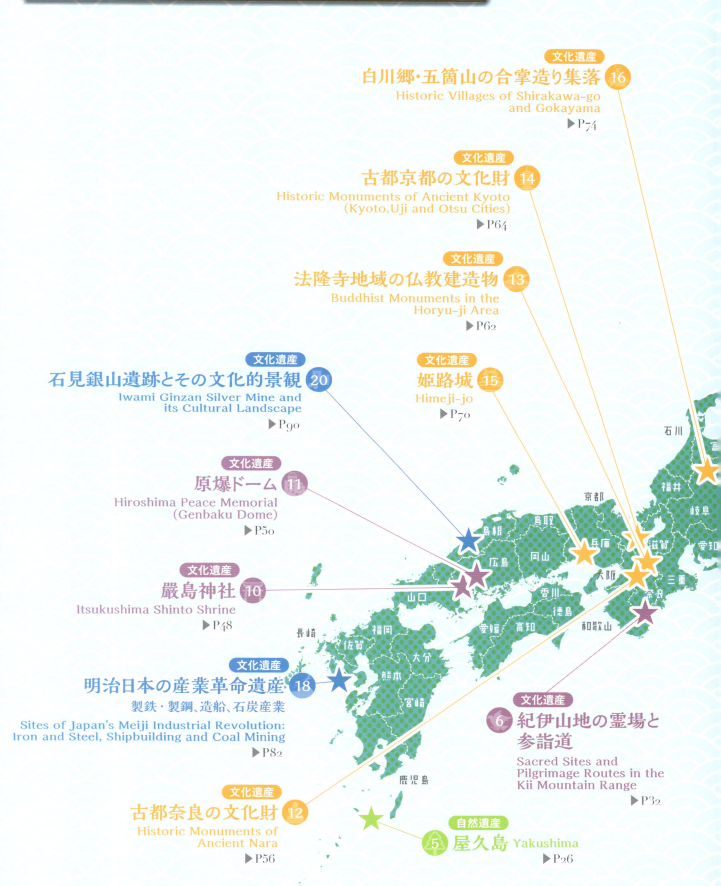

What is World Heritage?

世界遺産ってなに？

各国にあるすばらしい貴重な自然、景観、建造物は、数えきれないほどあるが、今この瞬間にも、破壊や消滅の危機に瀕しているものも少なくない。世界遺産は、その価値を世界が認めるのと同時に、人類が協力して遺産を未来へと残す決意の表れでもあるのだ。

世界遺産誕生のきっかけ

ダム建設をきっかけに人類共通の宝として保護

世界遺産誕生のきっかけは、1960年、エジプトのナイル川ではじまったアスワン・ハイ・ダムの建設だった。川の氾濫を抑え、電力と水の供給を得るためのダム計画だったが、「アブ・シンベル神殿」など古代エジプト文明の遺跡群が水没の危機にあった。

そこで国連の専門機関であるUNESCO（ユネスコ：国際連合教育科学文化機関）が、遺跡の救済キャンペーンを開始。当時のフランス文化大臣、アンドレ・マルローの「世界文明の第1ページを刻む芸術は、分割できない我々人類全体の財産である」という演説がきっかけとなり、50か国が賛同・協力して、アブ・シンベル神殿は約64m高所へと移築され、水没を免れた。

こうして国境や人種、時代を超えて守るべき〝人類共通の宝〟を国際的に保護するため、1972年、ユネスコで世界遺産条約が採択された。2016年6月現在、191の国と地域が加盟している。

アブ・シンベル神殿。遺跡をサイコロ状のブロックに分割し、5年かけて組み直した。

世界遺産には、人類がつくり出した遺跡や建造物である「文化遺産」、貴重な動植物や生態系、地形・景観を持つ「自然遺産」、両方の価値を持つ「複合遺産」の3種類がある。これらに合致すると判断されれば「世界遺産リスト」に記載され、晴れて世界遺産となる。

日本の世界遺産

日本はベスト20入り！有数の世界遺産保有国

日本が世界遺産条約の締結国となったのは、1992年のこと。125番目と比較的遅かったが、翌年には「法隆寺地域の仏教建造物」「姫路城」「屋久島」「白神山地」が世界遺産リストに登録された。その後も順調に登録数を増やしていき、2016年6月現在、19の遺産を保有、世界で11番目に多くの世界遺産を持つ。また、7月にはル・コルビュジエの建築作品のひとつとして上野の国立西洋美術館が世界遺産登録され、全部で20遺産となる見通しだ。

なお、2016年6月現在、世界遺産は163か国、1031件が登録されている。そのうち約8割は文化遺産であり、自然遺産は197件、複合遺産は32件と少ない。地域別で見るとヨーロッパが約4割とダントツで多く、アジアは約2割を占めている。

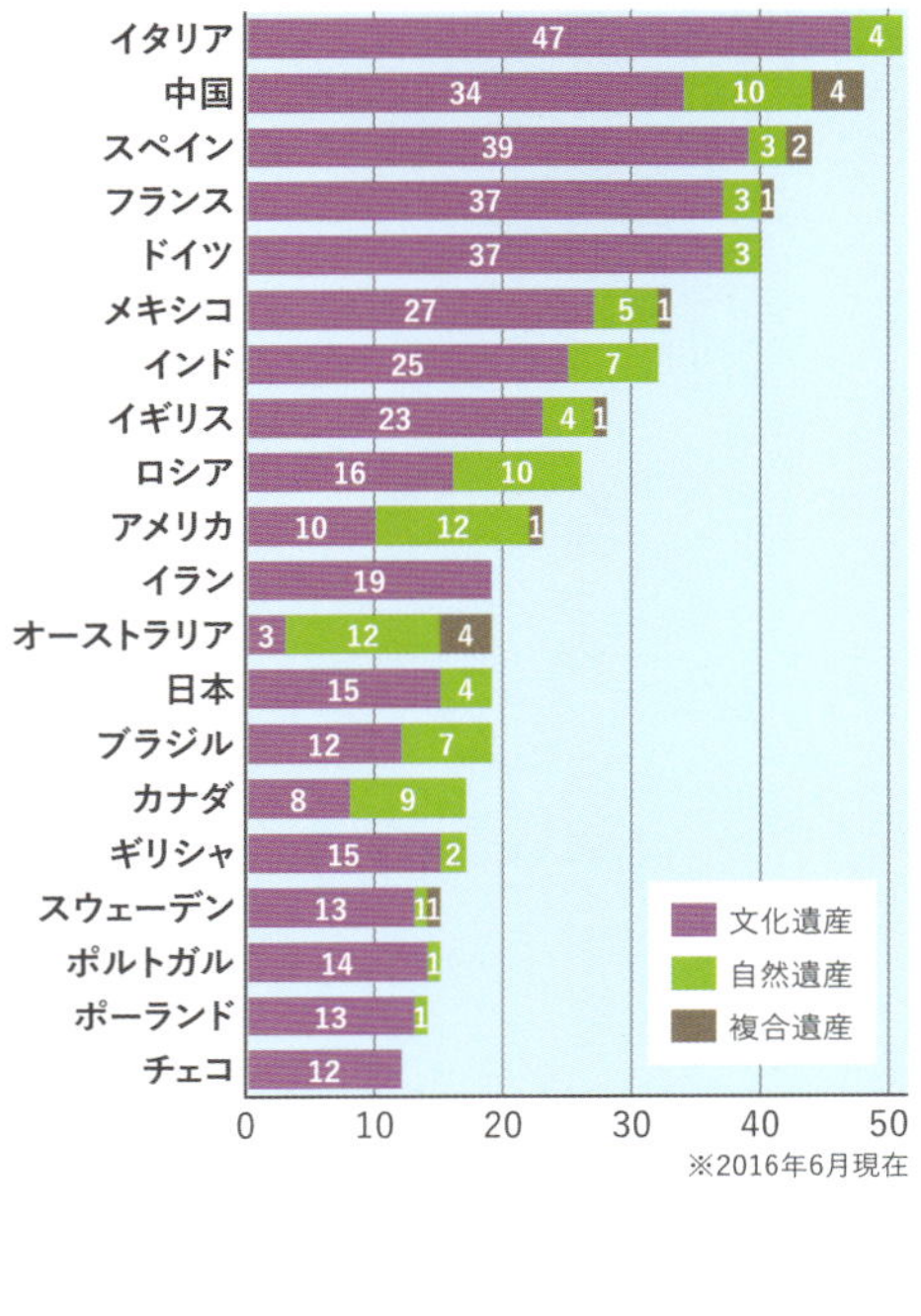

イタリア 47 4
中国 34 10 4
スペイン 39 3 2
フランス 37 3 1
ドイツ 37 3
メキシコ 27 5 1
インド 25 7
イギリス 23 4 1
ロシア 16 10
アメリカ 10 12 1
イラン 19
オーストラリア 3 12 4
日本 15 4
ブラジル 12 7
カナダ 8 9
ギリシャ 15 2
スウェーデン 13 1 1
ポルトガル 14 1
ポーランド 13 1
チェコ 12
文化遺産
自然遺産
複合遺産
0 10 20 30 40 50
※2016年6月現在

登録への道のり

準備に10年以上かかることも
登録の条件と流れ

世界遺産に申請するためには、５つの条件をクリアしなければならない。①遺産を持っている国が世界遺産条約を締結していること。②遺産が不動産であること。絵画など持ち運びできる文化財は登録の対象外となる。ただし、レオナルド・ダ・ヴィンチが描いた壁画『最後の晩餐』や、「奈良の大仏」のような巨大な像は、不動産の一部として認められている。そしてこれらの遺産は③保有国の法律などで適切に保護されていること。日本でいえば「国宝」「重要文化財」など、文化財保護法の対象となっていなければならない。その上で④遺産を保有する国自身からの申請であること。⑤各国の暫定リストに記載されていることが必要だ。

「レオナルド・ダ・ヴィンチの『最後の晩餐』があるサンタ・マリア・デッレ・グラツィエ教会とドメニコ会修道院」として世界遺産に登録。

基本的に⑤の暫定リストに登録されていないとユネスコへ推薦できないため、まずはこの暫定リストへの記載を目指す。日本の場合、文化遺産の候補は文化庁、自然遺産の候補は環境省と林野庁が選択・検討する。条件が整ったらユネスコ世界遺産センターへ推薦となる。ただし、文化遺産と自然遺産は毎年ひとつずつしか推薦できない。

各国から推薦された遺産は、文化遺産はＩＣＯＭＯＳ（イコモス：国際記念物遺跡会議）が、自然遺産はＩＵＣＮ（アイユーシーエヌ：国際自然保護連合）が専門的な調査を行う。この結果をもとに、1年に一度開かれる世界遺産会議にて、世界遺産に登録するかどうかが決定されるのだ。

なお、専門機関による評価結果は「勧告」として各国へ通知される。この勧告には次の４つの区分がある。

記載……世界遺産リストへの記載がほぼ確定。
情報照会…追加情報が必要なもの。
記載延期…抜本的な見直しが必要なもの。
不記載……世界遺産にふさわしくない。
　　　　再推薦は不可。

実際の記載は世界遺産会議を待つことになるが、「記載」勧告が出た物件が会議で取り下げられた例はない。逆に記載延期の場合、早くても2年経過しないと再推薦できない。

暫定リスト入りから登録までおおよそ3年以上。はじめは自然遺産としての登録を目指していた富士山は、途中で文化遺産へと路線を変更したこともあり、登録活動の開始から20年もの年月がかかっている。

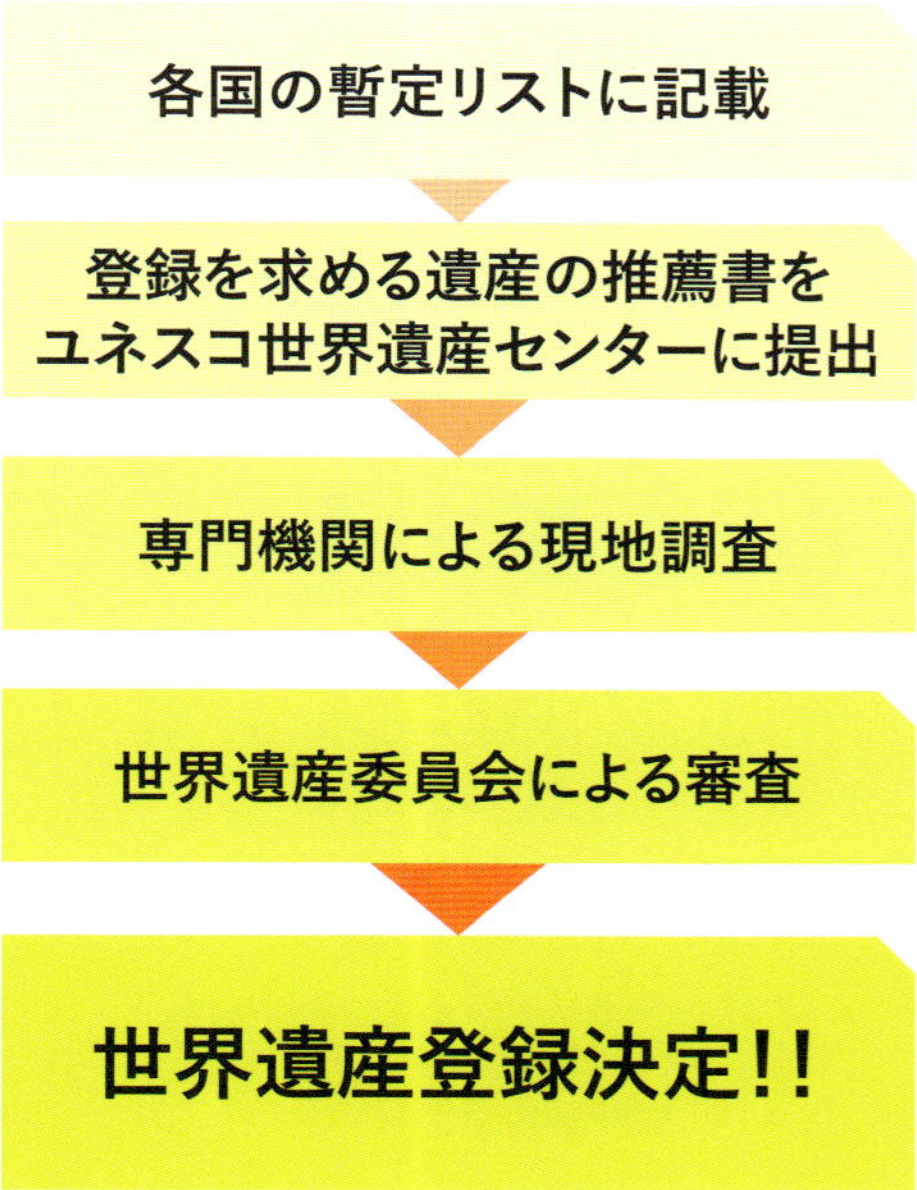
各国の暫定リストに記載
登録を求める遺産の推薦書をユネスコ世界遺産センターに提出
専門機関による現地調査
世界遺産委員会による審査
世界遺産登録決定!!

危機遺産

登録抹消もありうる！
危機にさらされた世界遺産

世界遺産は登録からが本当のスタート。遺産の保有国には適切な保護を行う義務と責任があり、世界遺産としての価値を守り続けなければならない。

しかし、中にはその価値が脅かされ「危機遺産リスト」に記載されているものもある。戦争による被害をはじめ、津波や地震などの自然災害、密猟や資源開発による自然破壊、都市化や観光地化にともなう生態系や景観の変化などが主な原因だ。２０１５年8月には危機遺産の「パルミラの遺跡」にあるバールシャミン神殿などが、イスラム過激派組織のＩＳ（イスラム国）によって破壊されるショッキングな出来事もあった。

世界遺産としての価値が守られないと、最悪の場合、世界遺産の登録を抹消される。ただし、危機遺産になったからといってすぐに取り消されるわけではない。危機遺産リストに記載されると、国際的な資金援助や、調査・保全のための人材、技術提供を受けられる。そして危機的状況を脱したと判断された場合は、危機遺産リストから外されるのだ。

“世界で最も美しい廃墟”と称されるシリアのパルミラの遺跡。

新登録！ 国内20件目

巨人が築いた近代建築の金字塔 国の枠組みを越えて世界遺産に決定！

2016年7月、東京・上野の国立西洋美術館をはじめとするル・コルビュジエの建築群が新たに世界遺産登録される。国内20件目、東京都内では初の世界文化遺産だ。これを機に、時代を切り開いた建築群に着目してみよう。

©国立西洋美術館

コルビュジエが目指した近代建築のかたちとは

〝文化の杜〟として知られる上野公園。多くの美術館・博物館が建ち並ぶ中、上野駅の近くに位置する国立西洋美術館が世界遺産に登録される。本稿の執筆時にはまだ登録を前提とした勧告段階だが、7月10日からトルコで開催される世界遺産委員会で正式に決定される見通しだ。国内では20件目（文化遺産では16件目）、東京都では初の世界文化遺産となる。

今回登録される「ル・コルビュジエの建築作品」は、構成遺産が複数の国にまたがっている。構成資産のリストに挙がる建築作品は17件で、フランス、スイス、インド、アルゼンチンなど7か国に及ぶ。世界遺産が隣接する国にまたがる例は20件程度あるが、離れた地域の文化財がひとくくりにまとめて登録されるのははじめてのケースだ。

フランスの建築家ル・コルビュジエ（1887〜1965）は、「近代建築の巨人」と呼ばれる。消費社会の発展や都市の巨大化に適応した建築のあり方を提唱し、現代にも通じる近代建築の礎を築いた。

西洋美術館をはじめて見て、「簡素な建物」という感想を抱く人も多いだろう。外観は1階部分がピロ

1 ル・コルビュジエの建築作品
―近代建築運動への顕著な貢献―(国立西洋美術館)

登録年 2016年
登録基準 ii vi

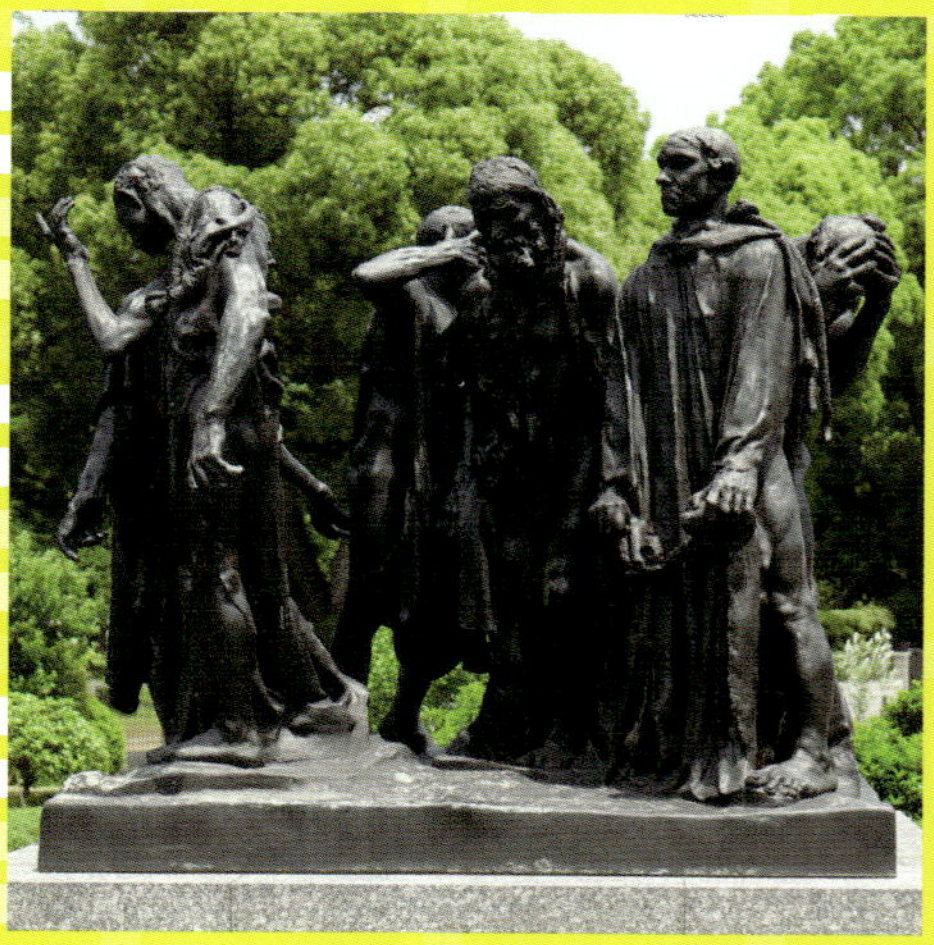

© 上野則宏

© 国立西洋美術館

[上]オーギュスト・ロダン《カレーの市民》
前庭には著名な彫刻作品が屋外展示されている。ほかにロダンの「考える人」やブールデルの「弓をひくヘラクレス」など。[1884-88年(原型)、1953年(鋳造)／ブロンズ／国立西洋美術館 松方コレクション]
[下]1階のピロティ
建設当初はピロティのスペースがもっと広く、彫刻が展示されていた。

住 東京都台東区上野公園7-7 上野駅より徒歩すぐ 9時30分～17時30分(冬期は～17時)、金曜日は～20時(入館は閉館の30分前まで) ¥ 常設展430円 休 月曜日(休日の場合は翌火曜日)、年末年始

構成資産
- サヴォア邸と庭師小屋
- マルセイユのユニテ・ダビタシオン
- ロンシャンの礼拝堂 (以上、フランス)
- レマン湖畔の小さな家 (スイス)
- クルチェット邸 (アルゼンチン)

ほか全7か国 17資産

Point!
1. シンプルな外観こそがコルビュジエの狙い。
2. 開放的な回遊空間など軽やかな内観にも注目。
3. 近代建築を先駆けたほかの建物も観てみたい。

ティになっており、そこに並ぶ円柱上に鉄筋コンクリートの直方体が乗る単純な構造。姫路城や法隆寺などほかの世界遺産と比べると、なおシンプルさが際立つ。

　このシンプルさこそが、コルビュジエが目指した近代建築の本質だ。彼はそれまでの様式的で重厚感のある建築から脱却し、単純な箱形を基本とする、合理的で機能的な建築を世界に広めた。建材もレンガや木材から離れ、コンクリートやガラスなどの近代工業用品が用いられている。今回の登録で、「新しい建築の概念を広め、20世紀における世界中の建築に大きな影響を与えた」と評価されたゆえんだ。

　西洋美術館は晩年のコルビュジエが手がけた日本唯一の建物である。らせん状の回廊や建物中心のホールなど彼の建築思想が貫かれており、普遍的な価値を持つ作品としてリストに含まれた。

　今回の登録の最大の特長は、複数国にまたがる文化財が、人類共通の歴史とその発展に貢献していると評価された点にある。世界遺産が国家間の争いに利用されるケースもある近年の傾向に、一石を投じる登録になったということもできるだろう。

IMAGNO／アフロ

新世界遺産を知る 1

ル・コルビュジエってどんな人なの？

勃興する市民階級にふさわしい近代建築を求めたコルビュジエ。「住宅は住むための機械である」という彼の有名な言葉にはやや冷たさも感じるが、合理性や機能性を追求したその思想がよく表れている。

コルビュジエは新しい建築のあり方として、「近代建築の五原則」を提唱した。

①1階部分の開放的なピロティ
②屋上に配置する庭園
③自由に配置できる平面
④横長の水平連続窓
⑤自由で意匠的な立面（外壁）

以上の考えは「近代建築運動」となって世界中に普及し、西洋美術館にも応用されている。

建築家以外に画家としての顔も持っており、家具デザインなども自分で行った。理知的な学者肌である一方で、強い闘争心も持っていたという。

Le Corbusier 1887—1965

本名はシャルル＝エドゥアール・ジャンヌレ＝グリ。スイスの時計職人の家に生まれ、30歳頃からパリを拠点に活動。フランク・ロイド・ライト、ミース・ファン・デル・ローエとともに「近代建築の3大巨匠」とも評される。

新世界遺産を知る 2

国立西洋美術館の見どころってどんなところ？

本館を鑑賞するために、いくつかのキーワードを知っておくといい。

まずは入り口の「ピロティ」。コルビュジエが重視した様式で、建物を列柱で支え、開放的な空間を演出している。

常設展の1階ホールに入ると、天井の三角窓である「トップライト」から柔らかな自然光が注ぐ。1階ホールから2階に通じるスロープは、「プロムナード（散策路）」を好んだコルビュジエが多用した構造だ。

回遊空間である2階展示室の高さは、人間の身長と黄金比から割り出した「モデュロール」という独自の尺度で設計されている。

また、本館が「無限成長美術館」というコンセプトでつくられており、作品が増えても外側に拡張していくよう構想されていた。のちの1979年にはコルビュジエの弟子・前川國男の設計により新館が増築された。なお、館内で「建築探険マップ」が配布されているので、鑑賞の参考にしたい。

©国立西洋美術館

明るい19世紀ホール

トップライトから入る陽光がホール全体を照らす。建物は多くの円柱に支えられており、その幅もモデュロールで決められている。

©国立西洋美術館

開放的な回遊空間

2階展示室は仕切りのない回遊空間となっている。歩くと空間の広がりや不思議な歪みを感じるだろう。

サヴォア邸（フランス）
コルビュジエの代表作のひとつで、建築当初から大きな衝撃をもたらした。家具も自身がデザインしている。

マルセイユのユニテ・ダビタシオン（フランス）
鉄筋コンクリートの骨組みに規格化された住居スペースをはめこむ構造。屋上には庭園が設けられている。

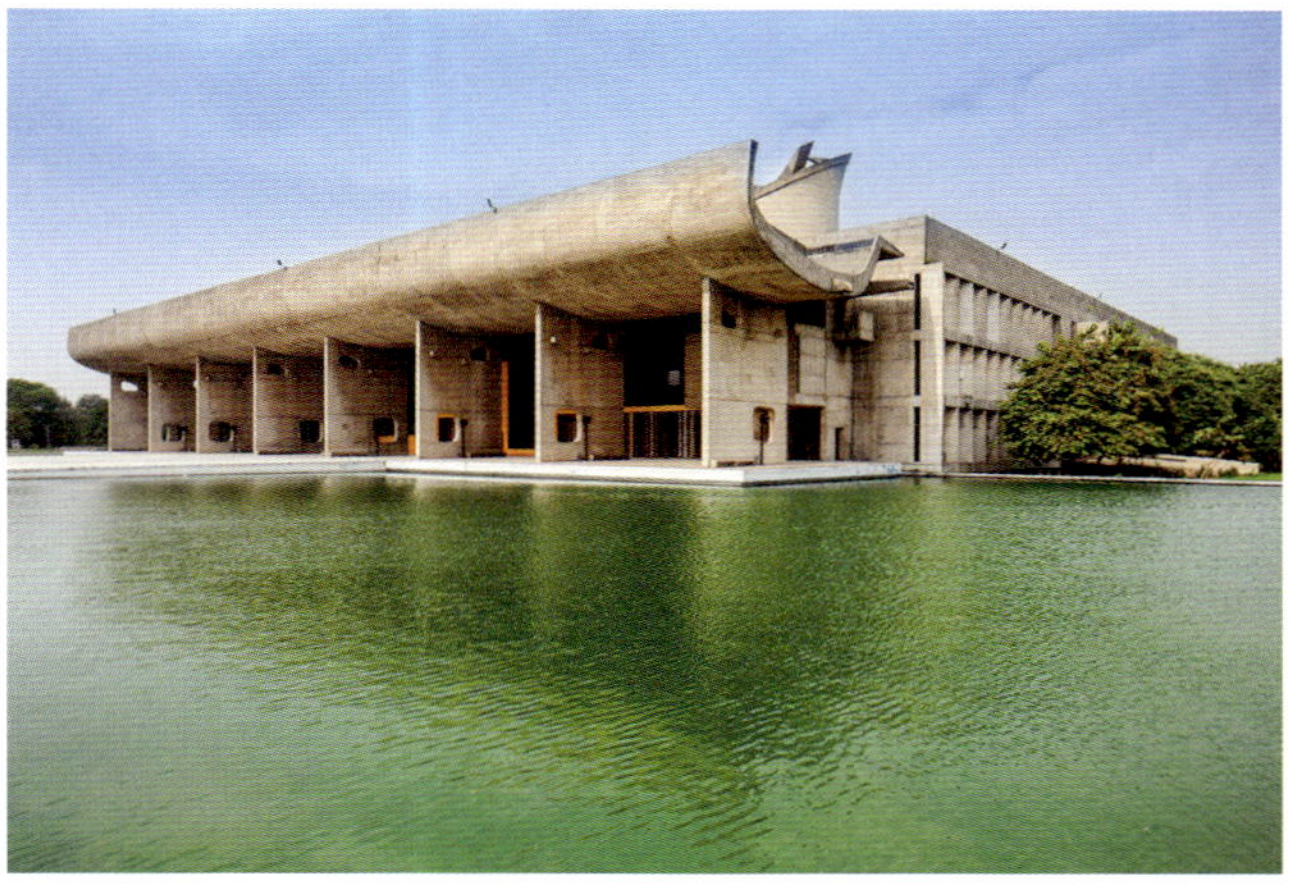

チャンディガールのキャピトル・コンプレックス（インド）
インド北部のチャンディガールでは先駆的な都市計画が試みられた。写真は象徴的な建物のひとつである立法議会議事堂。

ロンシャンの礼拝堂（フランス）
壁面には大小の窓がランダムに設けられ、色ガラスを通じて日光が差しこむ。厳粛な祈りの空間を演出している。

新世界遺産を知る 3

7か国17資産にはどんな建築があるの？

今回の世界遺産では、勧告時の段階で7か国17作品が構成資産リストに入っている。すべて近代建築の発展に顕著な普遍的価値を持つと評価された建造物だ。

パリ郊外のポワシーに建てられたサヴォア邸は、「近代建築の五原則」をすべて取り入れた革新的な邸宅。1階にピロティを配し、居住部分が空中に浮かんでいるような構造は、のちの西洋美術館と共通する。

コルビュジエは近代都市にふさわしい住居として、集合住宅にも力を入れた。その代表例がユニテ・ダビタシオンで、マルセイユ以外にもベルリンなど5都市で建設された。

後期の作品で代表的なのがロンシャンの礼拝堂。抽象絵画を思わせる凹凸のある漆喰の外観。内部は壁面の大小の窓から色ガラスを通じて日光が差しこむ。老境に入ってより自由になった創造力を感じさせる。

フランス
- ラ・ロッシュ＝ジャンヌレ邸['23]
- ペサックの集合住宅['24]
- サヴォア邸と庭師小屋['28]
- ポルト・モリトーの集合住宅['31]
- マルセイユのユニテ・ダビタシオン['45]
- サン・ディエの工場['46]
- ロンシャンの礼拝堂['50]
- カップ・マルタンの休暇小屋['51]
- ラ・トゥーレットの修道院['53]
- フィルミニの文化の家['53]

ドイツ
- ヴァイセンホフ・ジードルングの住宅['27]

スイス
- レマン湖畔の小さな家['23]
- イムーブル・クラルテ['30]

日本
- 国立西洋美術館['55]

ベルギー
- ギエット邸['26]

アルゼンチン
- クルチェット邸['49]

インド
- チャンディガールのキャピトル・コンプレックス['52]

＊括弧内は建設決定年。すべて1900年代。

1章
列島の原風景を訪ねる

人間の手が加えられていない森や海は、
緻密に彩られた絵画であり、壊せば2度と戻らないガラスの世界でもある。
地形や気候などの条件が奇跡のように折り重なり、
生み出された生態系と景観は、地球の歴史の語り部だ。
環境保護のために、限られたフィールドワークしかできなくてもなお、
魅力ある豊かな自然が日本の各所に残っている。

2 知床

3 白神山地

4 小笠原諸島

5 屋久島

ザトウクジラの華麗なジャンプ。

クリオネ
羽ばたくように泳ぐ姿から「流氷の天使」と呼ばれる。実は巻貝の仲間。

海は
た別天地

朝焼けに染まる流氷
豊富な栄養分を含んだロシアのアムール川の水が凍り、日本まで運ばれてくる。知床の生命源ともいえる。

知床 data

JR知床斜里駅から斜里バス知床エアポートライナーで約45分　¥ 無料（観光船、遊歩道、ネイチャーガイドなどを利用する際は別途料金が発生する場合あり）　休 無休（区域によって立ち入り禁止期間あり）

2 知床

登録年 2005年

登録基準 ix、x

海岸線から3kmの海洋域も含めた約7万1100haが、世界遺産に登録されている知床。北方系と南方系の動植物が混在し、国際的希少種の繁殖地や越冬地でもあるこの地で大自然を体験しよう。

日本北端の森と流氷が生み出し

世界遺産登録地域
- 核心地域 約 34,000ha
- 緩衝地域 約 37,103ha

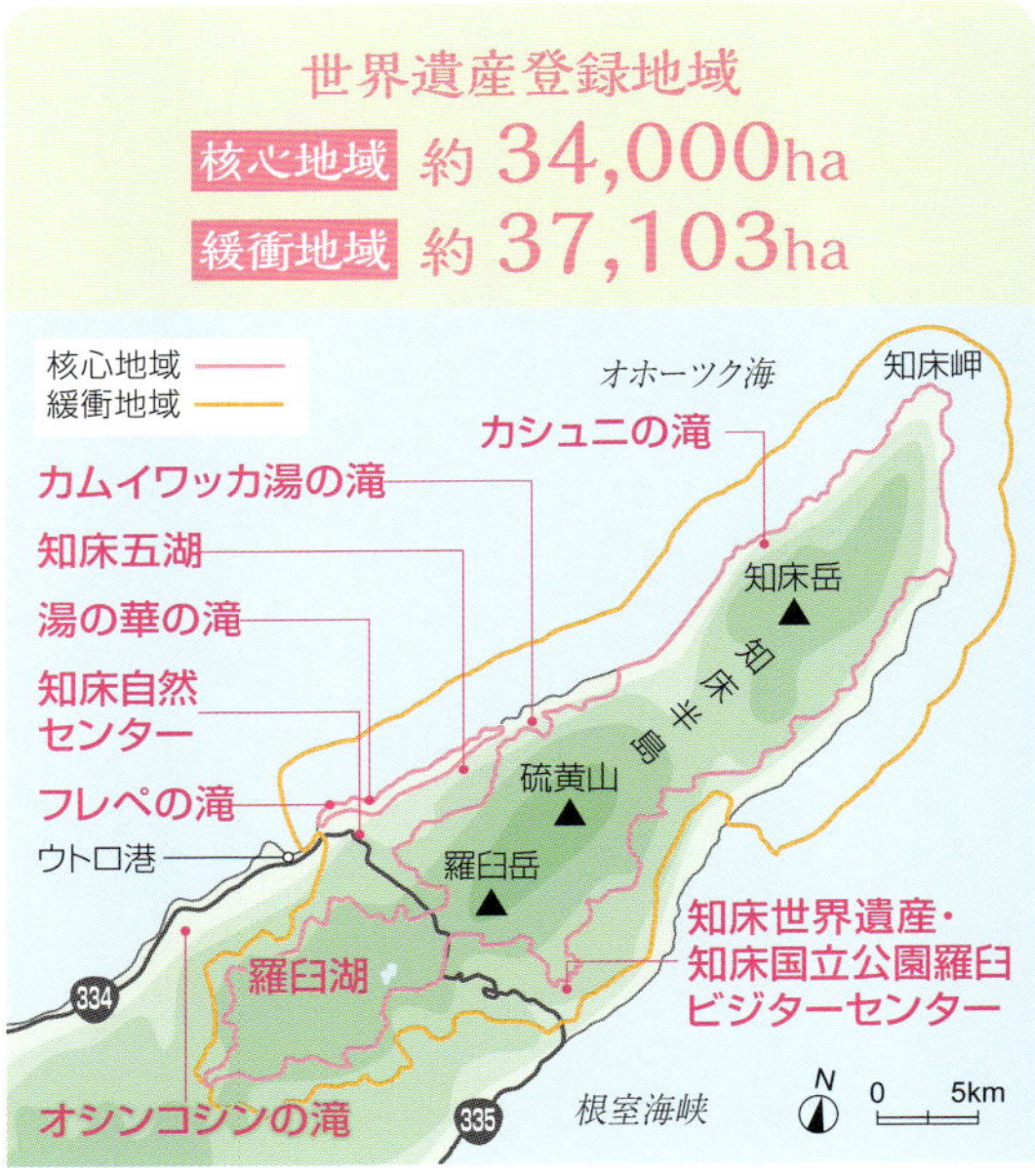

[上]オシンコシンの滝
滝の真ん中くらいの高さまで階段で登ることができ、迫力満点。

[右下]流氷ダイビング
2〜3月の約1か月間のみ体験できる。人気が高いため、夏頃には予約を入れておいた方がよい。(知床斜里町観光協会提供)

[左下]高架木道
五湖駐車場から一湖湖畔まで続く木道で、ヒグマの出没に左右されることなく、気軽に散策を楽しめる。車いすも通行可。

Point!
1. 海面が氷で埋め尽くされる「海氷」のシーズンは1月下旬。
2. 野生のヒグマがサケやマスを狙うリアルな表情。
3. 同じ半島内に分布する多彩な植生。固有種にも注目して。

「大地の先端」で唯一無二の景色に遭遇

オホーツク海に突き出た北海道の東端、知床半島。地名の由来はアイヌ語の「シリ・エトク」で、「大地」(sir)の「先端」(etok)という意味を持つ。長さ約65kmの半島にまるで背骨のように走るのは知床連山。千島火山帯に属する知床岳や硫黄山、標高約1660mで半島最高峰の羅臼岳などが、ずらりとそびえ立つ。知床といえば、海水が凍結する「海氷」が有名。この現象を見られるポイントとしては、北半球でここが最も低緯度だ。1月下旬に流氷が接岸し、辺り一面がびっしりと氷で覆われている光景は見もの。目の前に広がる非日常に、思わず息を呑むだろう。

知床半島が世界遺産に登録された決め手のひとつに、海と陸の生物が互いに作用し合う独特の食物連鎖がある。たとえば、流氷が溶けると海中に植物プランクトンが発生し、それを魚が摂取する。サケは産卵のため川を遡上し、そこで山の動物たちの食料に。動物の糞が堆積し、肥料になると、その栄養分が雨水とともに地中に染みこみ、川となって海に帰る。この命のサイクルが豊かな土壌を生んでいるのだ。

迫力満点の断崖と滝は海上から観光船で

岬に近い先端エリアは観光目的だと立ち入り禁止なので、観光船を利用して海上から眺めよう。ウトロ港を出航すると、最初の見どころはフレペの滝。知床連山の伏流水が、高さ約100mの断崖から岩場を伝い海へ流れ落ちるのだ。その様子が女性の涙に似ていることから「乙女の涙」とも呼ばれる。それに対して、次に見える湯の華の滝は水量が多く「男の涙」とも。クルージングのクライマックスは、温泉が流れるカムイワッカ湯の滝。水が断崖から直接海に落ちるカシュニの滝も見逃せない。

オホーツク海側の海岸線は、高知床連山の北側はウトロ、南側は羅臼にあたるが、南北で気候が異なるのもまたおもしろい。夏、ウトロは高温で雨は少ないが、逆に羅臼は雨が多く、海霧が生じるため低温。そうなると育つ植物もさまざまで、ミズナラなどの冷温帯落葉広葉樹林や、トドマツやエゾマツのような亜寒帯常緑針葉樹林、針広混合林が同じ半島内に分布する。これも知床ならではといえる。

二湖から眺める知床連山　1500ｍ級の山々が湖に映りこむ。なお、ヒグマの活動期である5～7月に五湖を散策する場合は、ガイドの引率ツアー、事前のレクチャー参加が必要（有料）。

さ80ｍを超える海食崖《かいしょくがい》が続く。これはかつて火山活動により噴出した溶岩が厚く固まり、波や流氷の浸食作用を受けてできたもの。「象岩」や「蛸岩」、「眼鏡岩」などの奇岩は必見だ。運がよければ、海岸沿いでサケやマスを獲るヒグマの姿を見られるかもしれない。船上から見えるよう双眼鏡を用意していくといい。

一方、両足で知床を踏みしめたいという人は、限られた範囲にはなるが陸路を攻めるのがおすすめ。ウトロから車で約20分の地点にある知床五湖は、神が手をついた時の指の跡が5つの湖になったというアイヌの伝説が残る。ここには随所に展望台を設置した高架木道が整備されていて軽装でも歩きやすい。あるいは、ネイチャーガイドに案内を依頼し、知床五湖フィールドハウスから知床の自然を間近に感じられる地上遊歩道を散策するのも手だ。

登山経験が豊富な人には、知床連山の稜線をたどって羅臼岳から硫黄山へいたるコースもいい。パッチワークのように樹林が広がり、チングルマ、エゾノツガザクラなどの高山植物が咲き誇る景色には心を奪われる。硫黄山周辺は知床の固有種・シレトコスミレの生育地。途中でテント泊が必要になるが、上級者ならばチャレンジしてみてほしい。

column

滝つぼに温泉!?　野趣あふれる秘湯へ

活火山でもある硫黄山の中腹には、温泉がこんこんと湧き出ている。それが川に流れこみ、川そのものが天然の温泉になっているのがカムイワッカ湯の滝だ。硫黄分が多く、泉質は酸性。滝つぼの温度は約30度と、実に心地よい。付近にバス停や無料駐車場があり比較的アクセスしやすいが、そこからさらに徒歩10分。滑りやすい川の中を歩くことになるので、かかとが固定されたサンダルを着用し、案内板にある注意書きに従って進もう。

温泉好きにはたまらないが、滑落やヒグマに注意。（知床斜里町観光協会提供）

様な生命が蠢く
緑萌えるブナ林

3

白神山地

登録年 1993年
登録基準 ix

約13万haのブナ原生林。この地が生んだ固有の生態系が決め手となり、世界遺産に登録されることとなった。国内外問わずほかに類を見ない大規模なブナ原生林を歩こう。

青森県中津軽郡西目屋村、鰺ヶ沢町、深浦町、秋田県藤里町

白神山地 data

交 JR弘前駅から白神ライン直通バス「アクアグリーンビレッジANMON」下車、徒歩すぐ
¥ 500円　休 無休(区域によって立ち入り禁止期間あり)

多種多

新緑のブナ
ブナは成長が遅く、実がつくまでに50年、大木となるまでには、100～200年ほどかかる。

Point!

1. 古代から脈々と受け継がれてきた世界最大級のブナ原生林。
2. 天然記念物や固有種を含めた多種多様な生態系。
3. 白神山地の豊かな水源がつくり出す自然の造形美「暗門の滝」。

ハイキングの準備を整え いざ、ブナの森へ

青森県の南西部と秋田県北部にまたがる白神山地。向白神岳《むかいしらかみだけ》や白神岳、二ツ森岳など、1000m級の山々が連なり、そこにツキノワグマやニホンカモシカ、さらに天然記念物のクマゲラ、イヌワシなど、たくさんの動物たちが暮らしている。しかし250万年前頃、白神山地の一部は海に沈んでいたという。地殻変動が起きたことで地層が隆起し、数十万年前に現在の地形に近づいた。

屋久島とともに日本初の世界自然遺産となった白神山地だが、決め手は、多種多様な動植物が生息し、独自の生態系が成り立っていること。中心部に残っているブナの原生林は8000年～1万2000年も前から育まれてきたもので、なんと世界最大級なのだ。その昔、ヨーロッパや北アメリカ、東アジアにもブナ林は分布していたものの、氷河期に入り減少。日本は氷河に覆われず、また南部までブナの勢力が広がっていたので荒廃を免れたようだ。

豊富な水を根元に蓄えることができるブナの原生林は、保水性が高く、いくつもの川が流れている。その水量は、降雨量の少ない年でもほぼ変わらない。白神山地の北部に源流があり、津軽平野を流れるのは岩木川。秋田県北部を東から西へと流れ、日本海に注ぐ米代川には、南部からはじまる川が合流する。白神山地の険

暗門の第二の滝
夏は涼みながら、秋は紅葉を楽しんで、暗門の滝歩道を散策したい。(白神山地ビジターセンター提供)

世界遺産登録地域
核心地域 約 10,139ha
緩衝地域 約 6,832ha

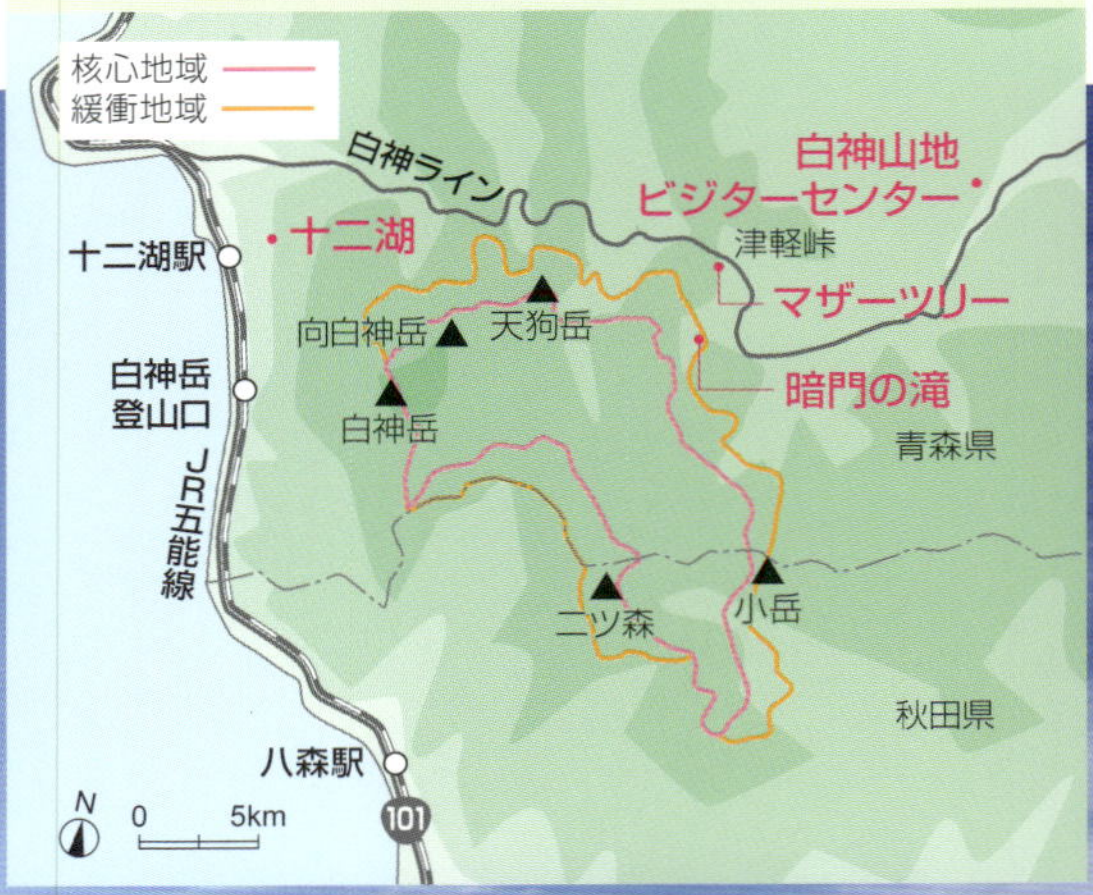

夏の白神岳 ニッコウキスゲやイブキトラノオが見頃。夏でも登山の準備はしっかりと。

[右上]**シラガミクワガタ**
ゴマノハクサ科の植物で、唯一"白神"の名がつく。白神山地でのみ生息が確認されている。（白神山地ビジターセンター提供）

[右下]**発芽したばかりのブナ**
雪どけとともに顔を出す。ブナが実をつけるようになるまで、50年ほどかかるという。

[左]**十二湖の青池**
白神山地の北西にあり、「青いインクを流しこんだよう」と表現される濃い青色をしている。

しい地形ゆえ、これらの川が多くの滝をつくり出しているという点にもぜひ注目したい。

暗門の滝を目指して気分をリフレッシュ

散策ルートはいろいろあるが、青森県側にある暗門の滝が人気。これは暗門川にある3つの滝の総称で、どれも落差の大きな美しい滝だ。周囲に散策道が整備されているので、ハイキングスタイルで足を踏み入れることができるのも嬉しい。大きな音を立てて水が流れ落ちる様子を目の当たりにすれば、その迫力に圧倒され、魅了されるはず。

　まずは、暗門川の流れに沿って散策道を進もう。最初の分岐点である暗門休憩所で「ブナ林散策道」を進めば、繁茂するブナに囲まれ、白神山地の深い懐に包まれたような気分になれる。先へ進み、眼下に川が見えてくると、先ほど選ばなかった「暗門の滝歩道」との合流地点。そこから再び川に沿って歩くと、暗門の滝へ続く岩伝いの細道に変わる。

　上流で出迎えてくれるのは、水面のすれすれまで覆う勢いの緑と、静かな川の流れが目を引く渓谷美。やがて現れる第三の滝（落差約26ｍ）の岩肌を滑り落ちるように流れる水にうっとりしてしまう。第三の滝の脇にある階段を上り進んでいくと、第二の滝（落差約37ｍ）にたどり着く。滝壺の前が小さな広場になっているので、弁当を広げるのにもってこい。第一の滝を目指す前に、ここでしっかり休憩を取るようにしよう。

　小さなトンネルをくぐり、どんどん険しさを増す渓流を横目に奥へ入りこんでいくと、最後の滝である第一の滝（落差約42ｍ）が見えてくる。滝壺を叩きつけるような勢いで水が流れ落ち、激しく水しぶきが飛ぶが、これも醍醐味のひとつ。多少濡れても気にせず体感したい。

　帰りは、暗門川に沿った歩きやすい道を引き返し、スタート地点へ戻ろう。歩き疲れたら立ち止まって、せせらぎの音に耳を澄ませてみるのもいい。なお、散策道は秋から春にかけて閉鎖されてしまい、滝の方まで足場が組まれるのは早くても6月下旬となる。開通状況は白神山地ビジターセンターに事前確認しておくと確実だ。

似てる
セカイ遺産

世界一高い場所にある稀有な国立公園

サガルマータ国立公園が世界自然遺産に登録されたのは1979年。「サガルマータ」とはネパール語で「世界の頂上」という意味で、チョモランマ、エベレストのことを指す。公園内は年中雪で覆われ、ユキヒョウやジャコウジカなど絶滅危惧種が多数生息する。標高3500～5000m付近には、およそ500年前にチベットから移住してきたシェルパ族の居住地がある。彼らは放牧や耕作で生計を立てていたが、最近は現地のガイドや荷物持ちをする人が多いという。

5000m付近までは一般人でも数日かけてトレッキングすることができる。

4

小笠原諸島

登録基準 ix

登録年 2011年

過去に一度も大陸と陸続きになったことがない海洋島・小笠原。本州から1000㎞離れた絶海の島々は、ここでしか見られない固有種で満ちあふれている。

絶海に育まれた東洋のガラパゴス

東京都小笠原村

小笠原 data

竹芝客船ターミナルより船で24時間で父島。母島へはさらに船で2時間

南島の扇池 小笠原を代表する景勝地。通常は船から上陸するが、シーカヤックなどで岩の間をくぐっての上陸も可能。

アクティビティ満載！ ココだけの海と森を楽しむ

東京から船で24時間。すべてから隔絶された太平洋上に、小笠原諸島は存在する。大小30ほどの島々からなり、一般人が住むのは父島と母島のみ。島が誕生して以来、一度も大陸と陸続きになったことのない「海洋島」である小笠原には、５５０種類以上の固有種がいる。世界中でここだけの生態系が育まれていることから、世界遺産に登録された。

そんな絶海の孤島を堪能する方法はたくさんあるが、まずは陸地での楽しみ方から。植物に限れば36％が固有種の小笠原の森は、ガイドなしに歩き回ることは禁止されているのでツアーが基本。おすすめは父島南部の千尋岩（通称ハートロック）へいたる1日かけてのトレッキング。森の中は比較的陽光が差しこみ、父島の山頂付近では「乾性低木林」が広がるため風通しがいい。生息数が数十羽のみといわれるアカガシラカラスバトに出会えたらラッキーだ。

なお、森の入り口には、粘着テープと足拭きマットが用意してあるので、必ず服や靴底の泥や種子を落とすこと。こうして外来種から小笠原の自然を守っているのだ。

ナイトツアーでは、緑色に光るヤ

コウタケ（通称グリーンペペ）が闇夜に浮かぶ様子が観察できる。また、水平線の彼方まで明かりのない小笠原の星空は、息を呑むほど美しい。毎晩でも見上げたくなるだろう。

次は海の楽しみ方。透明度の高いボニンブルーの小笠原の海は、爽やかという言葉が似合う。海藻類が少ないため磯臭くなく、フナムシもほとんどいない。緯度が沖縄とほぼ同じため、通年を通して海に潜ることができ、美しいサンゴ礁や回遊魚が目を楽しませる。シーカヤックを使って島渡りをしてもいい。

こうしたマリン・アクティビティとあわせて、ぜひ体験してほしいのがホエールウォッチングと南島ツアーだ。ホエールウォッチングは、2〜3月がベストシーズン。ザトウクジラが出産と子育てのために小笠原近辺にやってくるので、大迫力のジャンプや、運がよければ子クジラを見られるかもしれない。父島南西沖にある南島は、石灰岩特有の地形が広がる小さな無人島で、小笠原を代表する絶景スポット。ただし、1日に上陸できる人数が限られているため、早めにツアーを押さえておこう。

このように、小笠原を満喫できるかどうかは渡島前の計画が肝心だ。ガイドに案内をしてもらう方が小笠原の魅力をたっぷり味わえるし、観光客のみでは立ち入りできない区域も多い。ほとんどのツアーは半日か1日単位なので、これらを組み合わせて予約し、当日は集合場所に行くだけという状態にしておこう。

絶海の孤島ならではの 生活リズムに癒やされる

自然関連のツアーだけでなく島の文化にも注目だ。小笠原で賞味したいのが「島寿司」。醤油やみりんづけにした白身魚を、ワサビではなくカラシでいただくお寿司だ。トロピカルフルーツやサトウキビを原料にしたラム酒など、特産品も豊富。

また、島の生活は、6日に一度の定期船・おがさわら丸が基準。観光客も島の物資もこの船が運ぶため、入港日の午後は港もスーパーも大にぎわい。新聞はまとめて配達されるなど、離島ならではの生活がかいま見える。

島の人は、とにかくおおらかで明るい。きっといつの間にか、ガイドとも、近所の人とも、同じ観光客とも杯を交わして語らっていることだろう。小笠原を出港する日には、島の住人が自分たちの船を出して沖まで見送ってくれ、感動のあまり胸にこみ上げるものがある。また戻ってこよう、そう思わせる自然と人が、この地にはある。

Point!

1. 森は固有種の宝庫。大海に守られた生命の神秘を目の当たりに。
2. ホエールウォッチング、ナイトツアーなどアクティビティ満載。
3. 島の人との温かい交流。出港時の見送りは思わず涙する人も。

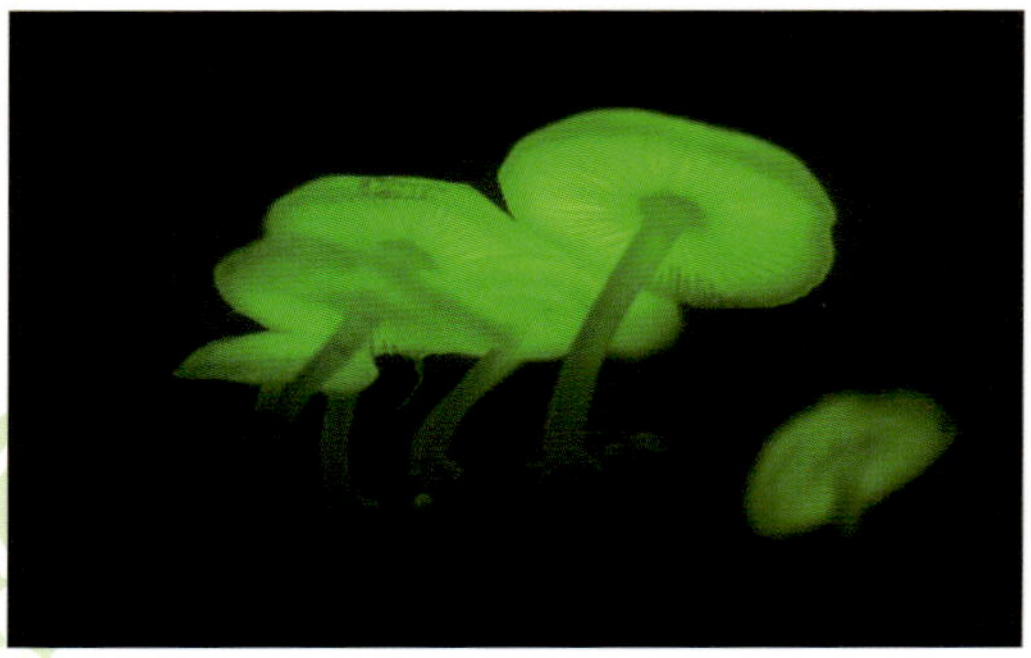

© 小笠原村観光局

[右上]父島の千尋岩（通称ハートロック）
断崖の赤い岩肌がハート型に見える。

[右中]ザトウクジラのブリーチング
「ブリーチング」とは両方の胸びれを使って上体を投げ出す行動。水しぶきも凄まじい。

[右下]ヤコウタケ（通称グリーンペペ）
初夏から秋まで見られ、雨が降ったあとは一段と強く光る。

[左]母島東港のサンゴ礁
母島の東側にある港で、かつて捕鯨基地があった。母島での定番シュノーケリングスポット。

© 小笠原村観光局

column

小笠原の固有の動植物

小笠原諸島には多数の固有種が生息し、カタツムリなどの陸産貝類に限ればなんと94%が固有種。

陸続きになったことがないために、大型のほ乳類などがいないのも特徴だ。個性豊かな小笠原の生き物を紹介しよう。

ハハジマメグロ

© 小笠原村観光局

目のまわりに黒い三角形のふちどりがあることからこの名に。頭は黄色、体はうぐいす色をしており、メジロより一回り大きい。有人島で生息しているのは母島のみ。

アカガシラカラスバト

環境省提供

頭や顔は赤く、体は光沢のある青紫色をしている。薄暗い森の中で暮らし、生態も不明な点が多い。数十羽ほどしか生息していないとされ、保護活動が続けられている。

オガサワラオオコウモリ

環境省提供

小笠原で唯一の固有ほ乳類。全身が黒い毛で覆われ、羽を広げると1m近くもある。果実や花の蜜を好み、小笠原の花粉を媒介したり、種を運ぶ役割を担う。

ヒメカタマイマイ

© 小笠原村観光局

カタマイマイは小笠原固有のカタツムリのグループ。木の葉、幹、地面など生息場所に応じて100種以上いる。この多様性が世界遺産登録をあと押ししたが、外来種により個体数が急減している。

ムニンツツジ

環境悪化により、現在自生している個体はたった1株。東大附属植物園で増殖に成功し、植え戻されたものが40株ほどある。真っ白い花を咲かせる。

ムニンヒメツバキ

© 小笠原村観光局

小笠原村の「村の花」として親しまれている。山の中腹に広く生息し、5～6月に白い花をたくさん咲かせる。なお「ムニン」は「無人島（ムニンジマ）」が転じたもの。

ハハジマノボタン

© 小笠原村観光局

父島、母島、北硫黄島に生息するノボタンは、島ごとにそれぞれ花びらの数や花の色が異なる。写真は母島に生息する固有種で、うっすらと桃色に色づく。

タコノキ

© 小笠原村観光局

気根（地上部分に生じた根）がタコの足のようになっていることが名前の由来。高さは10mほどになり、パイナップルに似た赤い実をつける。

マルハチ

ヘゴ科のシダ植物。名前の由来は、幹に「丸に逆八の字」の模様があることから。これは葉が落ちたあとで、消えることなく残り続ける。

苔と霧に覆われた もののけ姫の森

5
屋久島

登録年 1993年
登録基準 vii、ix

九州の最南端からおよそ60㎞に位置し、日本初の世界自然遺産に登録された屋久島。日本の縮図ともいえる豊かな植生と太古の記憶が織りなす、小さな緑の島だ。

鹿児島県熊毛郡屋久島町

屋久島 data
鹿児島空港より屋久島空港まで飛行機で約35分、もしくは鹿児島本港より高速船で約1時間45分　¥ 無料（2017年3月より入山料1000円、宿泊者2000円予定）

豊かな水が育んだ多様な生命の宝庫

樹齢1000年を超える屋久杉で知られる屋久島は、直径30㎞に満たないエリアに、ほかでは見られない貴重な動植物が詰めこまれた、生命の宝石箱のような島だ。

人々が暮らす海岸部にはガジュマルやブーゲンビリアが並び、南国らしい風景を見せるが、高山部の山頂付近では、冬期には氷点下を下回ることがあり積雪も見られる。

沖縄なども属する亜熱帯から、東北や北海道が位置する亜寒帯まで、南北約2000㎞にわたる日本列島の気候が凝縮されたような稀有な環境を持つ島なのだ。海によりほかの地域から隔絶され、独自の進化を遂げた動植物も数多い。こうした特殊な自然環境の美しさから、日本の自然遺産で唯一、自然の景観美の登録基準を満たす世界遺産となった。

屋久島のうち世界遺産に登録されているのは、九州一の標高を持つ宮《みや》之浦岳《のうらだけ》を頂点とする、島の中央部を中心としたエリア。そのシンボルといえば、縄文杉に代表される屋久杉だろう。樹齢1000年を超える天然杉を「屋久杉」と呼ぶが、その中で最も古く、太いのが縄文杉だ。樹齢は2170年とも、7200年と

Point!

1. ひとつの島内に共存する亜熱帯から亜寒帯までの気候・植物を観察。
2. 樹齢7000年超ともいわれる縄文杉のダイナミックな姿を拝む。
3. 「もののけ姫」のモデルともなった苔むす森の神秘的な風景を味わおう。

苔むした屋久島の森 屋久島の年間降水量は、里地でも4000mmを超える。「ひと月に35日雨が降る」といわれるほどの多雨な環境が緑一面の森を生み出した。

もいわれる。

「洋上のアルプス」とも呼ばれる屋久島だが、花崗岩と火山灰が堆積した上にわずかな土があるばかり。決して動植物にとって恵まれた環境ではないが限られた養分により少しずつ成長するため、スギの年輪の密度が高く、緻密になる。加えて防腐効果を持つ樹液を年輪の間にたっぷりと蓄えるため、長く生きることが可能になった。悪条件の土壌が、かえって縄文杉のような巨大なスギを育てることにつながったのだ。

自然の雄大さを感じながら 縄文杉を目指そう

この縄文杉を見るためには、約22km、往復10時間はかかる道のりを自分の足で歩いていくことになる。登山口から安房川《あんぼうがわ》に沿って、かつて伐採した屋久杉を運搬するのに使われたトロッコ軌道の上を進んでいくと、人々が森とともに生活してきた息づかいまで感じられるようだ。

トロッコ軌道が終わり、大株歩道に入ると、本格的な登山道がはじまる。アメリカの植物学者アーネスト・ヘンリー・ウィルソンが世に広く紹介したウィルソン株は、ぜひ見ておきたいもののひとつ。300年ほど前に伐採された木が10畳ほどの切り株になっており、中から空を見上げると、ぽっかり空いた穴が大きなハート型になっている。江戸時代に島津藩が年貢として屋久杉を納めさせたため、幕末までに半分以上の屋久杉が伐採されたが、それにより差しこんだ光を浴びてふたたびスギは成長をはじめ、いくつもの世代を経て現在の森となった。屋久島の自然は、人とかかわり合いながら形づくられてきたのだ。

[右上]**屋久島のシンボル「縄文杉」**

台風によく襲われる屋久島ならではの、ずんぐりとした樹形。表面の凹凸が激しいため、材木として切られずに残った。

[中上]**ヤクシマシャクナゲ**

毎年5月の開花時期にあわせたイベント「屋久島しゃくなげ登山」が催される。ただし、中級者向けでも往復7時間ほどかかる。(屋久島観光協会提供)

[左上]**大川の滝**

落差約88m、日本の滝100選にも選ばれている。近づいて豪快な水しぶきを浴びてみて。

[右下]**ハート型のウィルソン株**

巨大な切り株内部から見上げると、ぽっかりとハート型の穴が。ウィルソン株の根元には、3本の若いスギが育っている。

標高約1300m地点に達したところで、いよいよ縄文杉とめぐり会う。木肌にうねるこぶに、10種類以上の木が絡みつき、古木ながら躍動感あふれる姿を見せている。いびつにも見えるこの姿のおかげで、材木として伐採されることなく、太古の姿を今に伝えることになったのだ。

屋久杉と並んで、ぜひ見ておきたいのが、もののけ姫の森とも呼ばれる苔むす森だ。縄文杉の北東にある、白谷雲水峡《しらたにうんすいきょう》という一角である。吊り橋や巨木の根を過ぎると、足元の岩だけでなく、からまりあう根も、そびえる屋久杉の幹も、深く柔らかな苔に覆われ、緑一色の風景に360度囲まれる。緑の森に清らかな小川が流れる様は、まさに映画『もののけ姫』に登場する谷の風景そのもの。一面に広がる緑によく目を凝らせば、一様に見える苔もさまざまな命の集まりであることに気づくはずだ。

島内に残るトロッコ軌道跡 大正～昭和にかけて、伐採した屋久杉の運搬に使用されていたトロッコ。今も森の整備のため、現存唯一の森林鉄道として活用されている。

column

屋久島の自然を育む 急斜面と多量の雨

“日本の気候の縮図”ともいわれる屋久島の気候。その特殊な環境を生んでいるのが、約2000mにもなる高低差だ。標高が上がるにしたがい気温が低下することで、屋久島の海岸部から頂上にかけての気候が、さながら九州から北海道にかけての気候や植生のミニチュアのようになっている。また、黒潮から発生した水蒸気が、この急な斜面により大きな積乱雲となることで多量の雨がもたらされ、豊かな森林を育む源となっている。

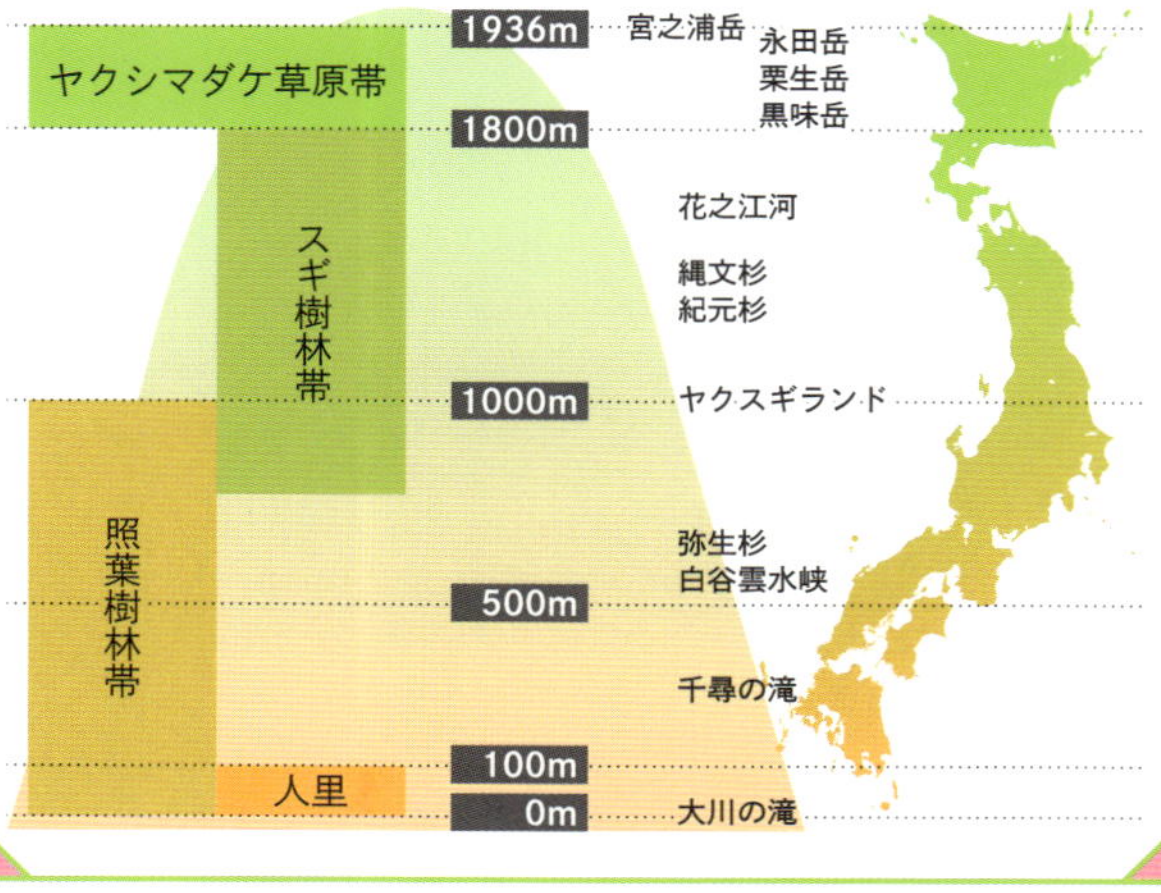

世界遺産登録地域 約10,747ha

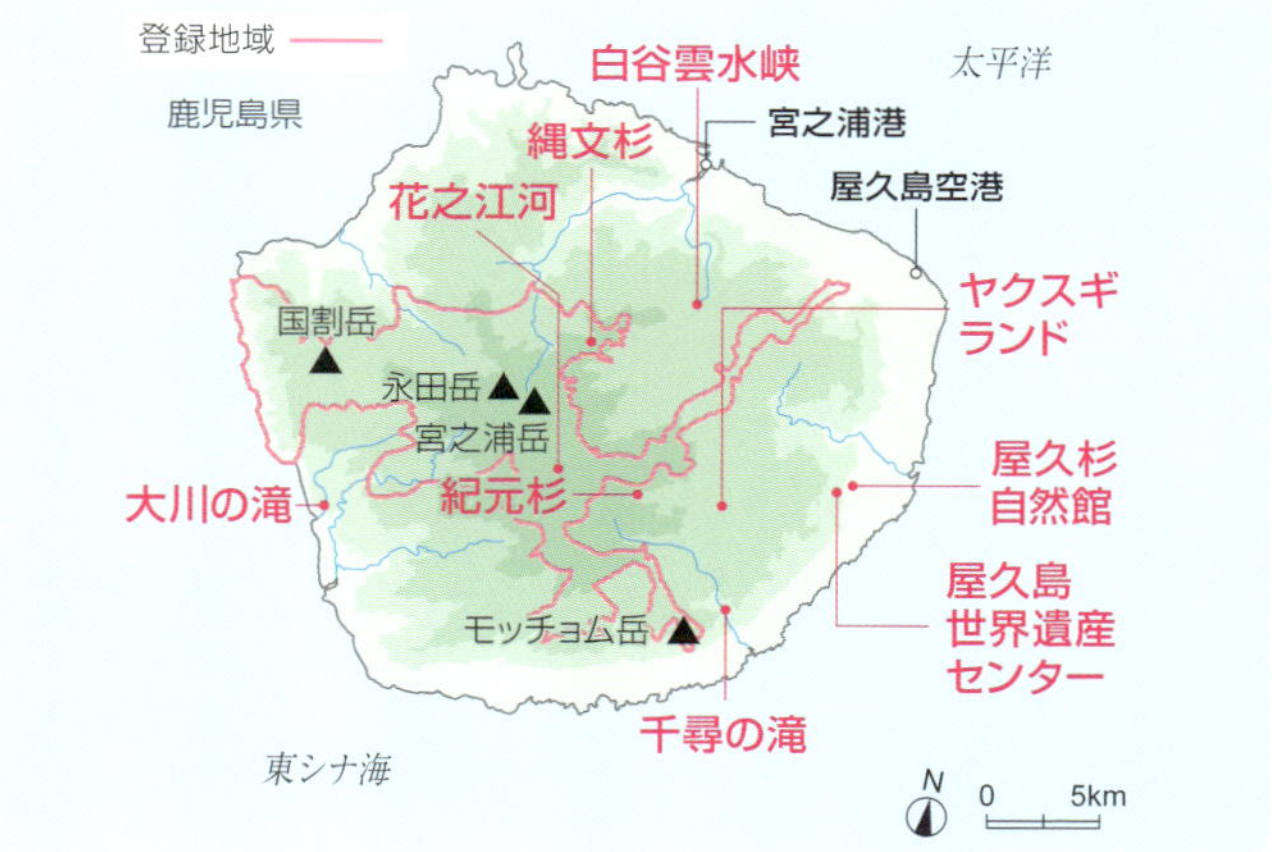

太鼓岩からの眺望
白谷雲水峡の奥にある、屋久島の森を見渡せる絶景スポット。

2章

日本人の信仰と祈りの場

宗教や教えにおおらかな日本人だが、その根底にあるものは、
“万物に神は宿る”という神道的な考え方だろう。私たちは当たり前のように、
神にも仏にも自然に対しても、手を合わせて祈りを捧げる。
自分が信じるものへの感謝と畏怖、
それが独自の文化や思想、芸術を生み出してきたのだ。

6 紀伊山地の霊場と参詣道

7 日光の社寺

8 富士山
—信仰の対象と芸術の源泉—

9 平泉
—仏国土（浄土）を表す建築・庭園及び考古学的遺跡群—

10 嚴島神社

11 原爆ドーム

熊野の見晴台からの景色。（熊野本宮観光協会提供）

い

祈りの道

熊野古道
奈良の吉野・大峯、和歌山の高野山、熊野三山を結ぶ道と、熊野三山へ向かう参詣道からなる熊野古道。2016年7月に、登録範囲が約40km延長される見通しだ。

この国にしかな
森の奥の聖地と

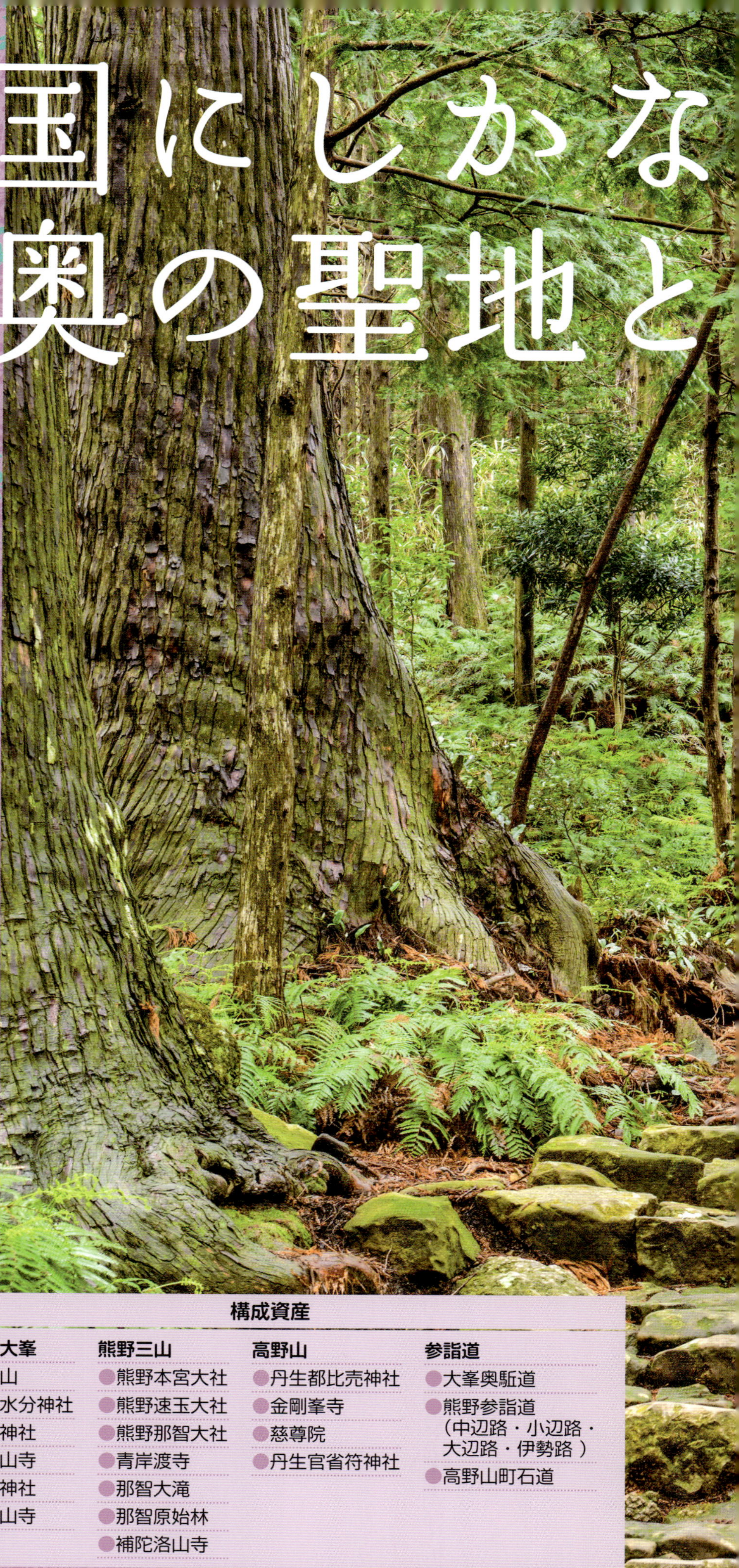

6

紀伊山地の霊場と参詣道

登録年 2004年
登録基準 ii、iii、iv、vi

迷い、苦しみの末に、救いを求めて人々が目指した、それぞれの聖地。1000年以上も前から、数えきれないこの国の人たちが踏み固めた祈りと修行の道は、今も深い森の中にある。

和歌山県田辺市、
奈良県吉野郡、
三重県熊野市ほか

構成資産

吉野・大峯	熊野三山	高野山	参詣道
吉野山	熊野本宮大社	丹生都比売神社	大峯奥駈道
吉野水分神社	熊野速玉大社	金剛峯寺	熊野参詣道（中辺路・小辺路・大辺路・伊勢路）
金峯神社	熊野那智大社	慈尊院	高野山町石道
金峯山寺	青岸渡寺	丹生官省符神社	
吉水神社	那智大滝		
大峰山寺	那智原始林		
	補陀洛山寺		

[右]中辺路から見る雲海
10 ～ 11月頃にかけて、紀伊山地では早朝と夕方に雲海が発生しやすく、神秘的な景観が見られる。（熊野本宮観光協会提供）

[左]「八咫《やた》の火祭り」の時代行列
毎年8月に行われる祭り。熊野本宮大社から旧社地大斎原へ、「炎の神輿」を担いだ70名ほどの行列が、和ろうそくの迎え火の中を進む様は幻想的。（熊野本宮観光協会提供）

紀伊山地に点在する3霊場 修験道の聖地・吉野へ

大阪湾から太平洋に大きくせり出した紀伊半島。平地は少なく、山また山で、果ては外海。スケールの大きな自然に囲まれた紀伊山地には、自然信仰の厚い素地があった。仏教が伝来すると山岳修行の場として、吉野・大峯は修験道の、高野山は真言密教の拠点となった。また、平安前期から中期に発展した日本固有の神仏習合思想により、熊野三山は聖地として信仰される。平安後期から鎌倉時代に末法思想が流行すると、熊野の地は浄土（黄泉《よみ》）に見立てられ、「よみがえり」の霊場としてさらに発展した。平安中期の宇多《うだ》法皇の参詣以来、室町時代にかけて貴族、武士、庶民へと流行が伝播し、「蟻の熊野詣」というフレーズが生まれたほどにぎわった。

こうして神道と仏教が融合し、1000年以上の時をかけて寺社の建造物と自然が一体となった景観を形成した点が評価され、2004年7月に紀伊山地の3霊場とその参詣道は、世界遺産となった。

紀伊半島は広い。そして平成の今なお、この3霊場は遠い。旅のテーマや探訪の中心地を決め、計画を立てて現地に向かうようにしよう。

「吉野・大峯」では、まず吉野山へ。熊野とつながる大峯奥駈道《おおみねおくがけみち》の大峯側の起点だ。金峯山寺《きんぷせんじ》は、修験道の開祖である役行者《えんのぎょうじゃ》ゆかりの総本山。巨大な本堂・蔵王堂は必見だ。源義経や南朝の哀史を伝え、豊臣秀吉の花見の舞台である吉水神社の書院は、

那智の滝と青岸渡寺
青岸渡寺は西国三十三ヶ所の第一番札所で、現在の本堂は豊臣秀吉が建立。三重塔は登ることができる。

住 和歌山県東牟婁郡那智勝浦町那智山8 JR紀伊勝浦駅よりバス「那智山」下車、徒歩約15分 5時～16時 ¥ 無料（三重塔は300円） 休 無休

百間ぐらからの眺望
那智山と熊野本宮大社を結ぶ小雲取越ルートの途中にある「百間ぐら」。小さな地蔵がたたずみ、絶景が広がる。山道が続くため、準備をしっかりして挑みたい。（熊野本宮観光協会提供）

Point!

1. 古道を歩き、そこを通った人たちの「祈り」に思いをはせる。
2. 太古の姿を残す深い森と、浄土へ続くと信じられた広い海を満喫。
3. 日本固有である神仏習合の大霊場の空気を体感しよう。

建築物・資料館としても見応え十分。

奥駈道の修行体験は、金峯山寺や櫻本坊などで企画されている。行場へは必ずベテランの先達さんと一緒に行こう。ただし山上ヶ岳は今も女人禁制なので注意。時間があれば、天川村で温泉入浴もいいし、パワースポットとして人気の玉置神社に参拝し、玉置山山頂まで奥駈道を体験してみるのもいいだろう。

熊野も高野も見どころ満載 数日がかりの計画を

「熊野参詣道」は、都びとが最もよく使った中辺路《なかへち》、高野山へと延びる小辺路《こへち》、枯木灘や潮岬を望む海岸沿いの大辺路《おおへち》、伊勢神宮から鬼ヶ城《おにがじょう》や花の窟《いわや》神社を通る伊勢路の総称だ。道沿いには「王子」という小さな社が点在する。熊野の御子神を祀った休憩所のようなもので、昔はここで宿泊もしたそうだ。

それぞれに見どころが多く、互いに距離もある熊野三山を1日でまわるのは難しい。那智大社では那智の滝まで歩かずにはいられないし、速玉大社に参れば花の窟神社に足を延ばしたい。すべての参詣道の合流地点である熊野本宮大社周辺も、土産物店や道の駅、旧社地である大斎原《おおゆのはら》を望む「世界遺産熊野本宮館」など、寄り道は必至だ。

古道ウォークが目的なら、マップや押印帳を手に入れよう。時間がないなら、無料駐車場もある那智勝浦の大門坂からは1時間ほどの初心者用コースもある。ゴールは那智大社と那智の滝で、短いながらも風情と先人が味わった苦労と感動を感じることができるはず。

空海が開いた天空の宗教都市・高野山にいたる町石道《ちょういしみち》には、1町（約109m）ごとの道しるべが、麓の慈尊院から壇上伽藍・奥之院まで立てられている。全踏破には6〜7時間かかるが、少しでも歩いてみたい人は観光サイトでチェックを。山上に直行するなら、基本的には電車とバス利用がおすすめ。開創1200年を過ぎてから参拝者が増え、駐車場が満車のことも多い。

山上では、壇上伽藍と奥之院の2聖地に加え、総本山金剛峯寺《こんごうぶじ》と霊宝館あたりは見ておきたい。これで丸1日。奥之院で墓碑めぐりをするなら、それだけでも2時間はみておこう。

真田昌幸・信繁親子の蟄居先だった九度山町は町石道のスタート地点である慈尊院の近くなので、寄り道してはどうだろう。ちなみに、高野山上の蓮華定院《れんげじょういん》も真田家ゆかりのお寺だ。また、かつらぎ町の丹生都比《にうつひ》売《め》神社の、女神の社らしい社殿の美しさも、一見の価値ありだ。

似てる

セカイ遺産 祈りの道に垣根はない？ 希少な「道」の世界遺産

参詣道が構成資産である「紀伊山地の霊場と参詣道」。道の世界遺産は珍しく、ほかには、キリスト教の三大巡礼地のひとつであるサンティアゴ・デ・コンポステーラへの巡礼路のみ（スペインとフランスそれぞれで登録）。同時期に巡礼路として発展した熊野古道とサンティアゴへの道は、姉妹道提携を結んでいる。東洋・西洋の果て、木・石の文化、多神教・一神教という対照点も多いのだが、聖地を目指して歩く人の心には、垣根などないということだろう。

巡礼の目的地である、スペインのサンティアゴ・デ・コンポステーラ大聖堂。

7

日光の社寺

登録基準 i、iv、vi
登録年 1999年

男体山などの山々に囲まれ、ふもとに中禅寺湖を抱く日光山。奈良時代にはじまる山岳信仰の聖地として、仏教とも絡み合いながら、神仏習合の聖地としての姿を今に伝えている。

構成資産
- 東照宮
- 二荒山神社
- 輪王寺

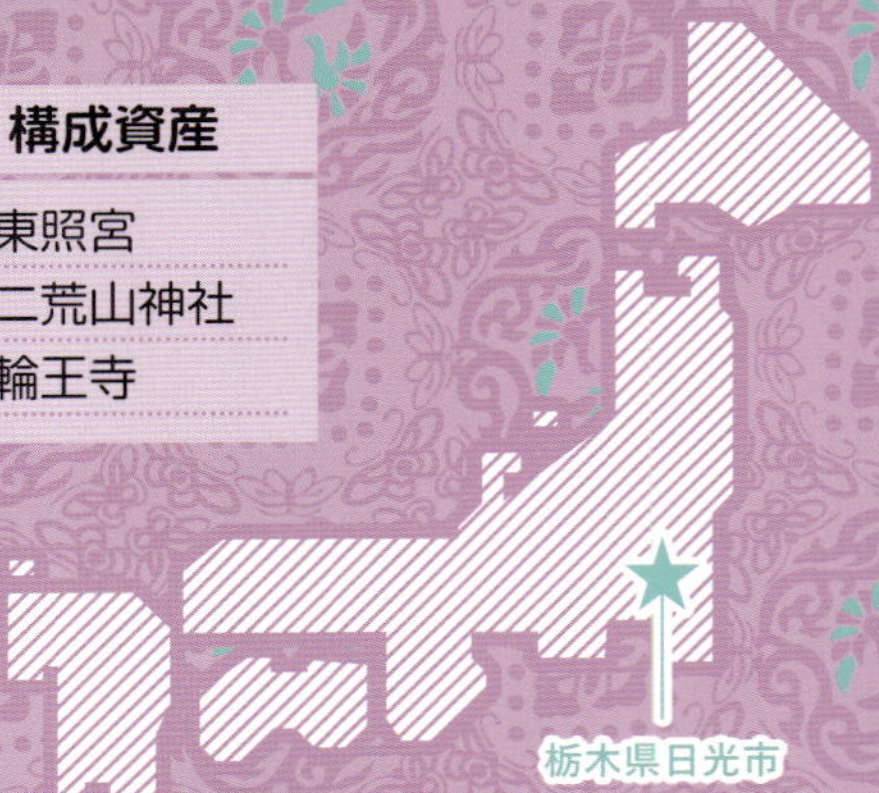

に
が輝く

日光東照宮の陽明門

2段に重なる霊獣は、上段が龍、下段は「息」という。中央では子どもたちが、むじゃきにじゃんけんや竹馬遊びをし、その下では阿吽の唐獅子がにらみを効かせている。現在は修理中で、2019年竣工予定。

厳かな空気の中 豪華絢爛な装飾

EQRoy / Shutterstock.com

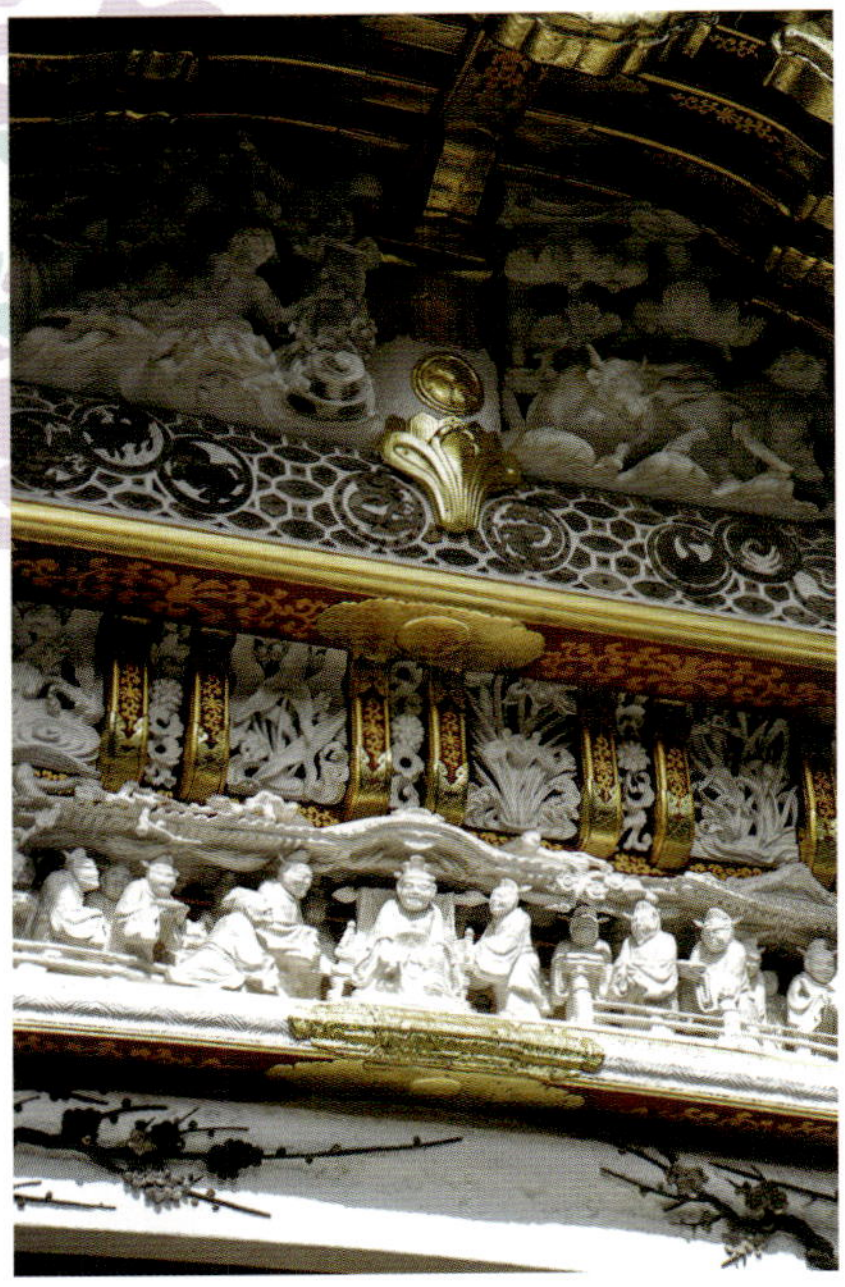

[右上]**東回廊の「眠り猫」**
このように目を閉じたネコの彫り物は大変珍しい。「日光」にちなみ、うたたねをしている姿を彫ったとも。2016年12月まで修復中のため、現在は取り外されている。

[中上]**神厩の「三猿」**
サルの一生を描いた8場面のうちの1枚で、子どもの時に悪いものに接してはならないという教訓を示すとされる。こちらも2017年3月まで修復中だが、三猿は7月中旬より修復作業を見学できる。

[左]**唐門の「舜帝朝見《しゅんていちょうけん》の儀《ぎ》」**
古代中国を統治していた皇帝へ臣下が新年の挨拶をする場面が彫られ、徳川家による治世を表しているとされる。

[右下]**上神庫の「想像の象」**
江戸時代まで本物の象を見た人はほとんどおらず、霊獣と考えられていた。耳やしっぽの形に注目。

[中下]**輪王寺夜叉門の「獏」**
長い鼻と牙、首の巻き毛が特徴。東照宮本殿にも多い。

Point!

1. 徳川家康公の威光を示す、壮麗な建造物群をめぐる。
2. 5200体近くにのぼる、色鮮やかな彫刻群の緻密な装飾は圧倒的。
3. 豪奢な東照宮と対照的な輪王寺の気品に満ちた装飾を味わおう。

荘厳な東照宮の細部に宿る平和の調

徳川家康を祀る東照宮でその名を知られる日光だが、その起源は古く、奈良時代にさかのぼる。山岳信仰の聖地である男体山《なんたい》を中心とする、関東の一大霊場として歴史を築いてきた。その後、豊臣秀吉の時代に所領を没収され一時衰退したが、東照宮が創建されて以降、歴代の将軍や諸国の大名が参拝に訪れ、ふたたび繁栄を見せた。その姿を今に伝える国宝9棟、重要文化財94棟、計103棟の建造物群が世界遺産に登録されている。

その中心となる東照宮は、家康の墓であり、家康が神として祀られている場所だ。家康亡きあと、遺体は家康が晩年を過ごした静岡県の久能《くのう》山に葬られたが、遺言に従って1617年（元和3）に日光山に移され、東照大権現《とうしょうだいごんげん》という神として崇められるようになった。家康の望みにより、当初は簡素な堂に祀られていたが、家康の孫にあたる3代将軍・家光が、現在のような壮麗な建物群をつくり上げたのだ。

目をひくのが、5000を超えるといわれる彫刻群。杉の巨木がそびえ立ち、苔むした燈籠が続く厳かな参道を進むと、仁王像が迎える華やかな表門に続いて「見ざる、言わざる、聞かざる」の三猿が彫りこまれた神厩舎《しんきゅうしゃ》が現れる。この向かいの上《かみ》神庫《じんこ》では、狩野探幽が想像で下絵を描いたという2頭の「想像の象」が、参拝者に愛嬌を振りまいている。

その奥にそびえ立つのが、極彩色が鮮やかな陽明門だ。龍や唐獅子などの霊獣をはじめとする500あまりの動植物の彫刻が見られ、1日眺めていても飽きないという意味で「日暮門《ひぐらしもん》」の別名を持つ。金色に輝きながら、白や黒の塗りや、赤、青、緑に彩られた彫刻群によって、静かなリズムも感じさせる絢爛なつくり。細部を眺めれば、文人のたしなみとされた琴棋書画《きんきしょが》にいそしむ人、中国の故事にちなんだ子どもの彫刻など、その一つひとつにストーリーがあるのがわかるはずだ。

陽明門の左右には回廊が伸び、本殿をぐるりと取り囲んでいる。本殿と拝殿を石の間で連結した「権現造り」と呼ばれる構造だ。こちらでも、当時の名工たちの技術を結集した彫刻が東照宮を彩っている。本殿の獏《ばく》の彫刻は、金属を食糧とし、武器の使われない平和な世の象徴とされる。東回廊にあるのは、左甚五郎《ひだりじんごろう》の名作と伝わる「眠り猫」。裏側にはスズメの彫刻が施され、弱い者も安心して暮らせる平和な世の中を象徴して

cowardlion / Shutterstock.com

[右]二荒山神社の神橋
日光山の入り口にかかる朱色の鮮やかな橋で、現在の橋は明治建造。日本三大奇橋のひとつ。

[左上]東照宮の境内を見上げる
深い森が取り囲み、神聖な雰囲気が漂う東照宮。日中は混雑するため、開門直後に訪れたい。
住 栃木県日光市山内2301　JR日光駅よりバス「神橋」下車、徒歩約10分　8時〜17時(11〜3月は〜16時。入場は閉門の30分前まで)　¥ 2100円(東照宮拝観券+宝物館入館券)　休 無休

[左下]輪王寺の大猷院入り口
3代将軍・家光の廟所で、黒と金を基調とした落ちついたつくり。

いるという。このように、東照宮全体が、江戸幕府の理想とする世の中を伝えるものとなっているのだ。この門をくぐり、長い階段を登ると、家康の眠る奥社にたどり着く。

二荒山神社や輪王寺は気品ある静かな美を醸す

表門に戻り両脇に杉の大木が並ぶ上新道を通ると、二荒山《ふたらさん》神社が現れる。782年(延暦元)に創建されたあと、2代将軍・秀忠によって現在の本殿と拝殿が造営されており、日光山内に残る最古の建物だ。杉の緑の中に赤が映え、黒い瓦と装飾の金が静かな美しさを感じさせる。

その南東に広がるのは輪王寺《りんのうじ》。実は「輪王寺」という寺はなく、四本龍寺や、日光山内で最大の建造物である三仏堂、3代将軍・家光の霊廟である大猷院《たいゆういん》といったお堂や支院の総称が輪王寺だ。2代目以降の将軍は家康と異なり、神ではなく仏として寺院に祀られてきた。東照宮を超える規模の装飾は避けるようにという家光の遺言のとおり、輪王寺は豪奢さを感じさせない、気品ある繊細なつくりをしている。

こうして、周囲の自然と神道、仏教が複雑に絡み合い、一大霊場を築いてきた日光山だが、明治時代の神仏分離令により、神道の神社と仏教寺院に分けられ、現在の二社一寺体制となった。徳川家康の400回忌を迎えた2015年を経て、「平成の大修理」として解体修理と調査が行われ、よりリアルな輝きを取り戻そうとしている。

似てる
セカイ遺産

インドにも世界遺産になった権力者のお墓がある

強大な権力を持つ人物が亡くなると、その業績を讃え後世に残すため、東照宮や日本各地の古墳のように、大きく美しい墓を築く例が広くみられる。世界的に見れば、インド北部の都市・アーグラに総大理石でつくられた白亜の宮殿、タージ・マハルもそのひとつだろう。ムガル帝国第5代皇帝のシャー・ジャハーンの王妃であるムムターズ・マハルの霊廟だ。皇帝の墓も対になるように建てる計画があったが、実現しなかったという。

朝日や夕日に染められた姿はとりわけ神秘的。

この国を見守り続ける雄大な姿の成層火山

日本最高峰の3776m。まさに日本を代表するにふさわしい霊峰・富士山。山梨と静岡、二県にまたがる雄大な姿、広がった裾野の美しさで遥か昔より多くの人々を魅了してきた。江戸時代には集団で頂上を目指す富士登拝「富士講《ふじこう》」が大流行。さらに浮世絵師・葛飾北斎をはじめとする日本の絵師たちはさまざまな富士の姿を描き出した。

そんな富士山が世界遺産に登録されたのは2013年6月。人々の畏敬と信仰を集めたこと、そして多くの芸術作品に影響を与えたことで富士山は「信仰の対象と芸術の源泉」として世界に認められるにいたった。

世界遺産であると同時に、富士山は今なお休止することのない活火山だ。古代には幾度も噴火を繰り返し、806年（大同元）には時の天皇が山の怒りを鎮めるために富士山をご神体とした、富士山本宮浅間大社を創建するよう命じたと伝えられる。

富士山を全身で味わいたいなら実際に登ることをおすすめする。ただし標高は3000m級。夏でも冷える本格的な登山となるので、初心者ならまずは慣れた人と一緒に登りたい。頂上は神社の境内となっており、

構成資産

- 富士山域
  （山頂の信仰遺跡群、大宮・村山口登山道、須山口登山道、須走口登山道、吉田口登山道、北口本宮冨士浅間神社、西湖、精進湖、本栖湖）
- 富士山本宮浅間大社
- 山宮浅間神社
- 村山浅間神社
- 須山浅間神社
- 冨士浅間神社
- 河口浅間神社
- 冨士御室浅間神社
- 御師住宅（旧外川家住宅）
- 御師住宅（小佐野家住宅）
- 山中湖
- 河口湖
- 忍野八海（出口池）
- 忍野八海（お釜池）
- 忍野八海（底抜池）
- 忍野八海（銚子池）
- 忍野八海（湧池）
- 忍野八海（濁池）
- 忍野八海（鏡池）
- 忍野八海（菖蒲池）
- 船津胎内樹型
- 吉田胎内樹型
- 人穴富士講遺跡
- 白糸ノ滝
- 三保松原

古来より人々の信仰を集めた日本一の神の山

8

富士山
―信仰の対象と芸術の源泉―

登録年 2013年

登録基準 iii、vi

標高3776m。日本最高峰であり、古来より日本人の信仰を集めていた霊峰・富士。20年の悲願が叶い、2013年に世界遺産として登録された。

Point!

1. お札にも使用されている、本栖湖から見える逆さ富士。
2. 溶岩が流れこんでできた天然の洞窟・船津胎内樹型。
3. 古くから景勝地で知られ、万葉集にも詠まれた三保松原。

日本のシンボル・富士山
登山シーズンは7月上旬から9月中旬にかけて。
年末、ご来光を見るために登頂する人も多い。

新倉山浅間公園からの富士山　富士吉田市の新倉山浅間公園からは、五重塔（忠霊塔）越しに富士山が見られる。春は桜、秋は紅葉でにぎわう撮影スポット。

社殿、鳥居、石碑など世界遺産構成資産でもある信仰遺跡群をあちらこちらに見ることができる。そして富士山に登るのなら外せないのが、朝一番に見るご来光だ。厚い雲海から悠々と昇る黄金色の太陽を見れば、なぜここが信仰の地となったか、わかるような気がする。

そんなご来光のあと、もし体力が残っていればぜひ目指して欲しいのが「お鉢めぐり」。山頂の火口壁は直径約800m。そんな火口の周囲には、最高峰の剣ヶ峰をはじめ8つの峰が存在する。お鉢めぐりとはこの山頂の火口壁、およそ3kmを一周することだ。名前の由来は「8つの峰をめぐる八巡りから」とか、「お釈迦様の座る蓮の花が8枚の弁を持つから」などといわれている。

周辺に点在する湖から見上げる姿も壮麗

お鉢めぐりが富士登拝のラストを飾るものだとすれば、山へ登る前に足を運びたいのが「船津胎内樹型《ふなつたいないじゅけい》」と呼ばれる溶岩樹型。これは、遙か昔に富士山が噴火した時に流れた溶岩が樹木を巻きこんで、樹木が燃え溶岩が固まることでできた自然の洞窟のこと。中が人の胎内に似ていることからその名をつけられた。ごつごつとした樹型の中は厳かな空気で満ちている。江戸時代の富士登拝の人々は、登山前日にこの洞内をめぐり、生まれ変わった気持ちで富士に挑んだのだという。

なお、世界遺産に登録された構成要素には上記の樹型と富士山を含む山域、登山道、湖など、周囲の自然も含まれる。ついつい本体である山にばかり目が行きがちだが、山を取り巻く湖や自然なども非常に美しいのだ。火山活動で生まれた湖はどれも澄みわたり、初夏には散策もおすすめ。山中湖では30万㎡もの敷地を誇る山中湖花の都公園も人気だ。一年を通して四季折々の花が咲いて、花越しに見る富士山は優しい雰囲気。本栖湖では天候などに恵まれれば水面に映る「逆さ富士」が見学できる。

さらにタイミングが合えば、周辺の各スポットからは、山頂に太陽がきらめく「ダイヤモンド富士」を見ることができるかもしれない。このように、見る場所や時間によってさまざまに雰囲気を変えるのも富士山の魅力のひとつといえる。

富士山の誕生は遙か10万年前まで遡る。10万歳になる富士山は、国を見守り続けたまさに日本のシンボルともいえる山だ。ゴミ問題など多くの課題を抱える昨今、一人ひとりがこの富士山を守り、後世に受け継いでいきたい。

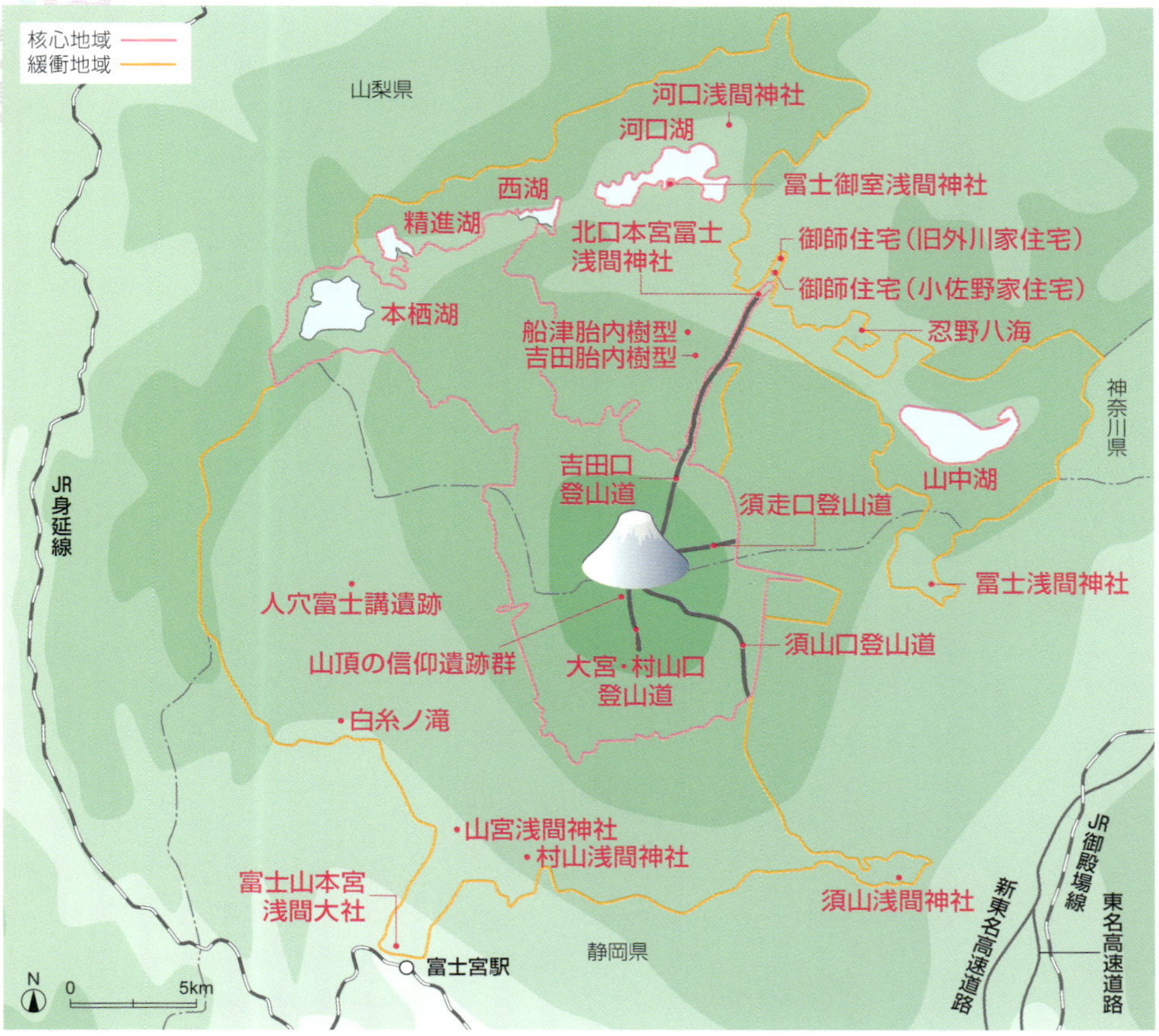

[右上] **桜が咲き誇る富士山本宮浅間大社**
富士山の噴火を鎮めるために建てられた神社で、全国の浅間大社の総本山でもある。ここを含め、8社の浅間神社が構成資産として登録されている。

[左上] **白糸の滝**
岩壁の間から、幾筋もの絹糸を垂らすがごとく流れる。滝壺近くに立ち、マイナスイオンを全身に受けたい。

[右下] **「凱風快晴」**
葛飾北斎が描いた『冨嶽三十六景』のうちの1枚で、赤く染まった山肌の富士山が印象的。美術、文学など、多方面の芸術にも影響を与えた。（島根県立美術館蔵）

column

世界遺産登録を目指し 20 年
登山者のマナー向上が課題

富士山は「自然遺産」ではなく「文化遺産」として登録された。その大きな理由は、放棄された粗大ごみや登山客によるゴミ問題のせいである。世界遺産登録は、これを解決することを宿題に条件付きで許された。そこで富士山は登録の翌年より保全協力金徴収をはじめ、その効果は徐々に現れはじめている。日本で世界遺産条約が採択された 1992 年より登録を目指してきた富士山。この登録を継続できるかどうかは登山客のマナー向上にかかっている。

9

平泉
―仏国土（浄土）を表す建築・庭園及び考古学的遺跡群―

登録年 2011年
登録基準 ii、vi

平安時代末期の約100年間、絢爛たる黄金文化をもって東北を治めた奥州藤原氏。「現世浄土」の志が都市計画の軸となった北辺の理想郷は、今もなお崇高な光を放つ。

構成資産

- 中尊寺
- 毛越寺
- 観自在王院跡
- 無量光院跡
- 金鶏山

北の王者が追い現《うつし》世《よ》の極楽浄土

Point!

1. 良好保存された多くの遺物に触れ、「現世浄土の町」を体感。
2. 黄金都市の姿を今に伝える金色堂の、時を経たものが発する迫力。
3. 理想郷とそこに生きた人々の残像を追い、芭蕉と同じ涙を流そう。

毛越寺の浄土庭園 日本最古の庭園書に基づいてつくられた庭園。水中に設置された立石が池全体の印象を引き締める。

莫大な財と崇高な理念が生み出した現世の極楽浄土

平安時代末期、京の都から遠く離れた東北の地に絢爛と花開いた、奥州藤原氏3代の平泉文化。マルコ・ポーロが『東方見聞録』に記した黄金の都市ジパングのモデルだともいわれる平泉だが、世界遺産に認められた要因はそのきらびやかさだけではなく、仏教の浄土思想に基づき、非戦と万民平等という「現世浄土」実現の強い志を、都市計画に見事に反映させたことだ。海外の影響を受けつつも日本独自の発展を遂げたその建造物・庭園や遺跡・遺物は、良好に保存されている。

莫大な金と屈強な馬を産出した東北の地は、大和朝廷が幾度も征服を試み、争いを繰り返してきた。平安時代後期、のちに奥州藤原氏初代となる若き日の藤原（当初は清原）清衡《きよひら》は、前九年・後三年の役の渦中で父が極刑に処され、果ては身内が争い妻子を亡くした。やがて東北の支配権を得た清衡は平泉に拠点を移した。そしてすべての生物と、戦乱で犠牲になった命を敵味方なく慰め、争いのない「現世の極楽浄土」を創造するための町づくりを実行した。

清衡の願いは2代基衡《もとひら》・3代秀衡《ひでひら》へと受け継がれた。莫大な財力は理想郷の実現に惜しみなく注がれ、蝦《え》夷《ぞ》・辺境と蔑まれた東北の地に、絢爛たる黄金文化が花開くことになった。しかし4代泰衡《やすひら》の時、源義経を匿ったために源頼朝に攻められ、100年の栄華と理想郷は幻となった。

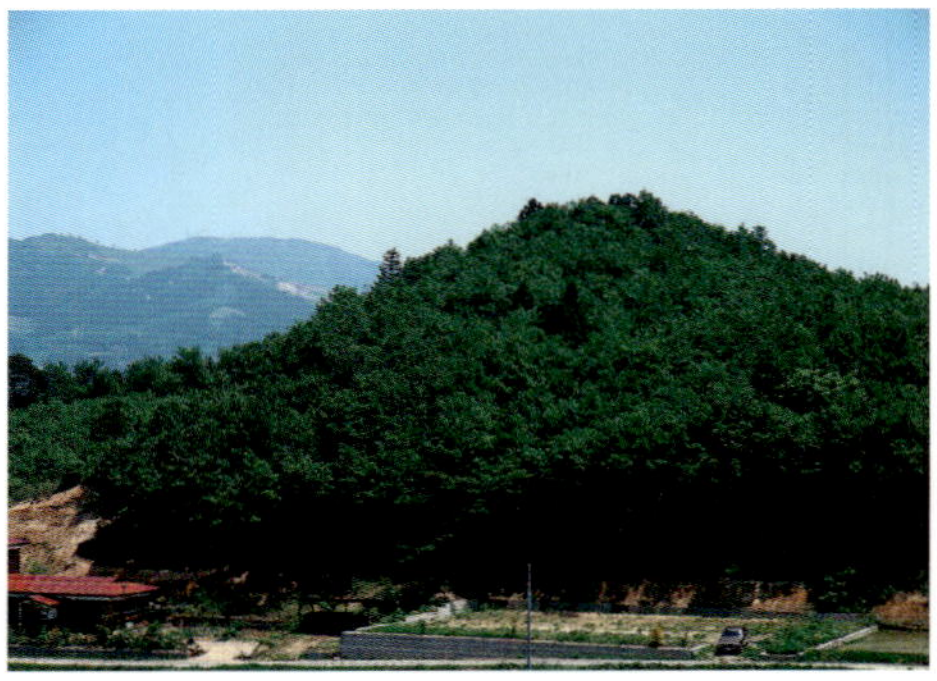

[右上]金鶏山

「黄金のニワトリが埋められた」などの伝説が残る。金色に染まる夕方に眺めるのがおすすめ。（平泉観光協会提供）

[右下]中尊寺の金色堂外観

保存のため、金色堂は新覆堂の内部にある。藤原清衡、基衡、秀衡のミイラと、4代泰衡の首級が今も金色堂に眠る。

住 岩手県西磐井郡平泉町平泉衣関202　交 JR平泉駅よりバス「中尊寺」下車、徒歩約10分　時 8時30分～17時（11月4日～2月末日は～16時30分）　¥ 800円　休 無休

[左]毛越寺の「曲水《ごくすい》の宴《えん》」

「遣水《やりみず》」と呼ばれる川に盃を浮かべ、流れてくるのにあわせて歌を詠む、平安時代の遊びを再現。毎年5月第4日曜日に行われ、優雅な雰囲気に包まれる。（平泉観光協会提供）

実在した理想郷の残光がそこかしこに残る

その残光を探す現地での移動は、徒歩やレンタサイクルのほか、町内巡回バス「るんるん」利用もおすすめ。乗務員がガイドを兼ねる貸切の「語り部タクシー」も好評のようだ。

探訪スポットは、やはり世界遺産の構成5資産が中心になるだろう。まずは、現世浄土の町づくりにおける重要な基点となった金鶏山《きんけいざん》をチェック。円錐形のこの山は、中尊寺と毛越寺《もうつうじ》のほぼ中間に位置する。ひと晩でつくられた人工の山だとか、雌雄一対の金のニワトリを平泉鎮護のために埋めたという伝説が残る聖山で、頂上には経塚が造営された。麓にある無料の平泉文化遺産センターで情報収集してみよう。

3代秀衡が宇治の平等院を模して本家よりも大きく造営した無量光院は、建物の背後に金鶏山が見えるように設計された。屋根の向こうの稜線に夕日が沈む光景は、極楽浄土を見事に演出したことだろう。

[右]**中尊寺の旧覆堂**
建立は鎌倉時代とも室町中期ともいわれ、少なくとも500年以上もの間、金色堂を守っていた。移築され現在も新覆堂（金色堂）の近くにある、国の重要文化財。

[左上]**高館からの眺望**
源義経終焉の地である高館の眼下に広がる景色は、平泉随一の眺望といわれる。（平泉観光協会提供）

[左下]**達谷窟毘沙門堂**
達谷窟には、「エミシ」と蔑まれた人たちの勇者であっただろう「悪路王」の哀史が伝わる。

Narongsak Nagadhana / Shutterstock.com

浄土庭園の遺構がほぼ完全に残る観自在王院《かんじざいおういん》跡に隣接するのが、基衡・秀衡2代に亘って完成させた毛越寺だ。発掘調査によって忠実に再現された庭園美は、国の特別史跡・特別名勝の2重指定。大泉が池の水面はひたすら穏やかで、優しいカーブを描く遣水《やりみず》に平安の雅を感じる。

もちろん真打ちは、中尊寺。本堂へは、衣川・北上川・束稲山《たばしねやま》の景観を堪能しながら老杉並木の月見坂を歩こう。多くの堂をめぐりついにたどり着くのが、国宝・金色堂だ。拝観料を納め、温湿度管理がされた鉄筋コンクリートの覆堂の中へ。堂内ではさらにガラス越しの拝観となるが、創建当初からあり続ける皆金色《かいこんじき》の建造物の凄まじい迫力は、大量の黄金とシルクロードを渡ってきた夜光貝の螺鈿細工や象牙・宝石の装飾からはもちろんのこと、垂木《たるき》の木材の端々からも放たれている。須弥壇《しゅみだん》に納められた清衡・基衡・秀衡のミイラと泰衡の首級の存在もあってか、金閣寺や金の茶室とは明らかに異質な美だ。ぜひ体感してほしい。

その他、悲劇のヒーロー・源義経終焉の地と伝わる高館《たかだち》も外せない。この丘陵は北上川と衣川が合流する要害で、義経は頼朝の追及に屈した4代泰衡に急襲され、妻子とともに自害したと伝わる。頂上にある小さな義経堂《ぎけいどう》には、甲冑姿の義経像が祀られている。

そして、追加の登録を目指す関連資産にも注目。膨大な遺物が出土した柳御所跡や、征夷大将軍・坂上田村麻呂が絶壁の岩屋に住まう「悪路王」を討伐したのちに毘沙門堂を建てた達谷窟《たっこくのいわや》は特におすすめだ。

column

芭蕉を泣かせた「夢の跡」おくのほそ道に記された平泉

「夏草や兵《つわもの》どもが夢の跡」「五月雨の降り残してや光堂」。松尾芭蕉の名句を生んだ『おくのほそ道』の平泉紀行。芭蕉が訪れた時の平泉は火災で廃墟と化していた。田んぼや草むらが広がり、義経終焉の地・高館は義経堂が建立されたばかり。往時をしのぶよすがは、山と川と朽ちかけた金色堂の輝きのみで、涙した芭蕉の心情が推し量られる。当時金色堂を保護していた「旧覆堂《きゅうおおいどう》」は現在も中尊寺境内にあり、そばに芭蕉像が立つ。

旧覆堂のそばに立つ、松尾芭蕉の銅像。

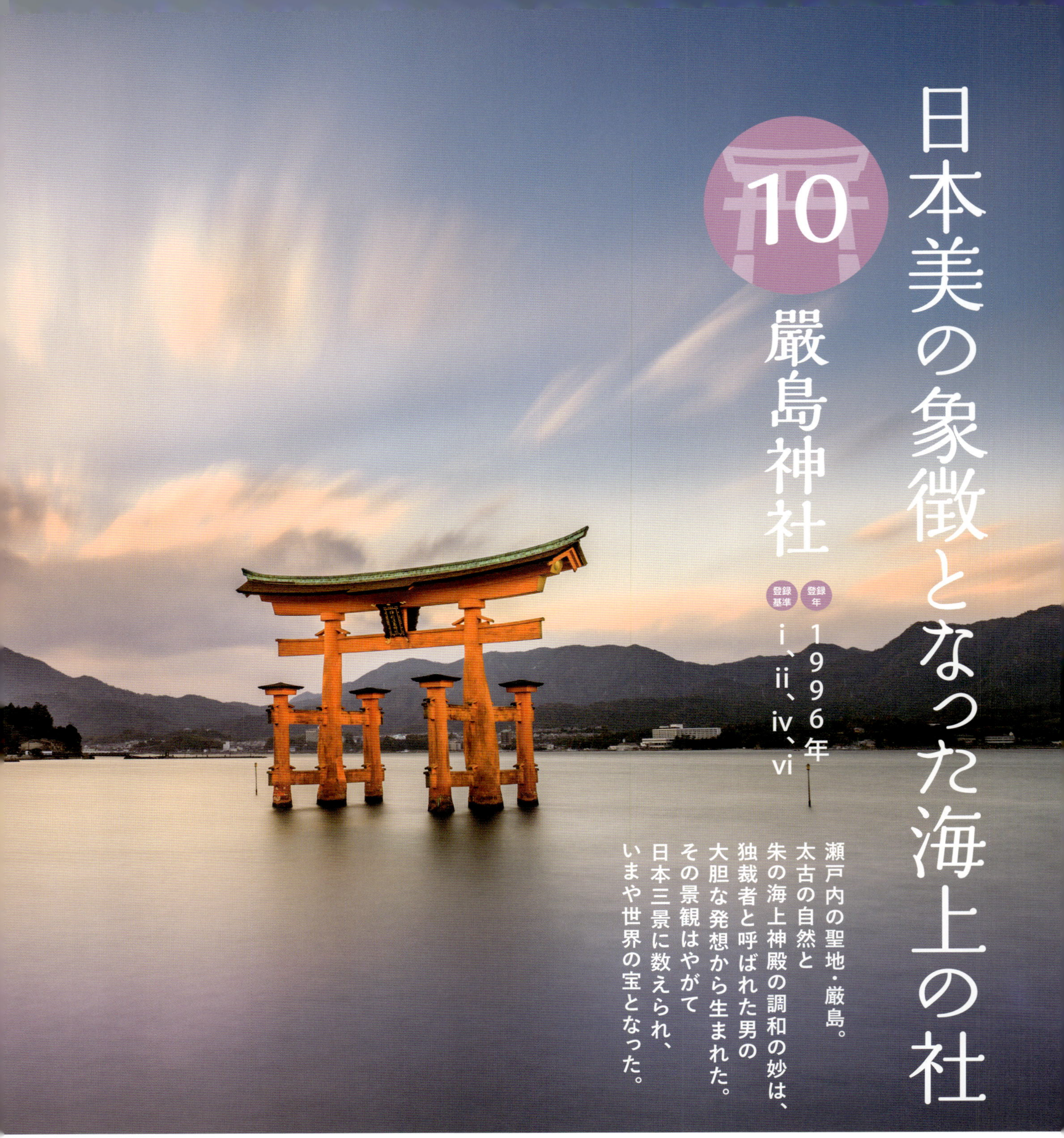

日本美の象徴となった海上の社

10 嚴島神社

登録年 1996年
登録基準 i、ii、iv、vi

瀬戸内の聖地・厳島。
太古の自然と
朱の海上神殿の調和の妙は、
独裁者と呼ばれた男の
大胆な発想から生まれた。
その景観はやがて
日本三景に数えられ、
いまや世界の宝となった。

嚴島神社data

住 広島県廿日市市宮島町1－1
JR宮島口駅下車、「宮島口」よりフェリー「宮島桟橋」下船、徒歩約15分
6時30分～18時 ※閉門時間は季節により異なる
¥ 300円（宝物館300円、共通割引500円。千畳閣は別途100円）
休 無休

島内宿泊も視野に入れ神社と弥山の両参りを

「安芸の宮島」こと厳島は、太古の自然が残る、古くからの聖地だ。その入江に建つ嚴島神社の大鳥居と朱塗りの海上社殿群の壮大かつ繊細な人工美は、周囲の自然と融合し聖地の威厳を増幅させている。世界遺産に登録されたのは、嚴島神社と前面の海、背後の弥山《みせん》原始林を含む島の約14％に及ぶ範囲だ。

飛鳥時代の創建と伝わる嚴島神社だが、今のような社殿ができたのは、平安時代末期。栄華を極めた平清盛とその一門の篤い信仰によるものだ。聖山・弥山を背景にし、瀬戸内の海を前庭に見立てたような寝殿造りの社殿。不遜といわれかねないその大胆な発想が生み出した景観は、誰をも虜にした。やがて日本人の美意識を表す景観として讃えられ、ついには世界の宝となったのだ。

一門の滅亡後も、鎌倉・室町幕府や大内・毛利氏、豊臣秀吉によって

［上］**ライトアップされた本殿**
朱塗りの優美な本殿は、ライトアップされるとまたその表情を変え、神秘的に。時間や潮の満ち引きによって見え方が変わるのも注目ポイントだ。

［下右］**社殿をつなぐ廻廊**
廻廊に敷かれている床板は釘を使用していない。板の隙間は高潮や台風に備え、海水の圧力による破壊を防ぐための工夫になっている。

［下左］**軒先から下がる燈籠**
東西あわせて約260mある廻廊の軒先から、釣燈籠が下げられている。なかには毛利家の家紋が入っているものがあるので、探してみては？

Point!

1. 海上神殿と自然の調和。船上の10分間で清盛のセンスに感じ入る。
2. 本物の寝殿造りに触れ、維持に努めた先人の知恵と努力を知る。
3. 聖山「弥山」登頂で島の霊気を体感。息をのむ山頂の大パノラマ。

庇護され、貴重な平安時代の寝殿造りが継承された。

　船でしか行けない宮島。まずは10分間の船旅で、海上からの姿を堪能しよう。海中に自立する、シンボルの大鳥居が近づくにつれ、気分が高揚するはず。干潮時には大鳥居まで歩けるので、潮見表もチェックを忘れずに。嚴島神社東廻廊そばの「鏡の池」も干潮時のみに見られるポイントだ。

　神社の廻廊では「目透し」という床板の隙間に注目。海水や雨水をわざと床上に通して水圧を弱め、損壊を防ぐ工夫だ。本殿は、平舞台・高舞台とともに国宝。海上に浮かぶ能舞台もここだけのものだ。また、高台で眺望が美しい千畳閣《せんじょうかく》（豊国神社）の破格の広さもぜひ体感を。

　レトロな参道や路地の散策も楽しいが、島の主峰である弥山への登頂を強くおすすめする。時間と体力を考慮し、登山コースかロープウェーかの選択を。最終駅から山頂へはさらに徒歩約30分かかるが、空海が開いた修験道場なだけに、貴重な原始林と散在する史跡や巨石は霊気を放ち、山頂の大パノラマは、それこそ現世とは思えない雄大な景色だ。

　山と社の両方で、真の宮島の姿が理解できるので、島内での宿泊も視野に入れ、じっくりと訪れよう。

11

原爆ドーム

登録基準 vi　登録年 1996年

戦争の悲劇を伝える鎮魂の遺産

1945年8月6日午前8時15分。人類初の原子爆弾投下により広島県産業奨励館は大破した。今ではその建物は「原爆ドーム」と呼ばれ戦争の悲劇を後世に訴え続けている。

被爆当時の姿でたたずむ原爆ドーム
レンガ造りのヨーロッパ風でモダンな姿は広島名所のひとつに数えられるほど美しかった。原爆投下の際、本館の中心部は倒壊を免れたが、館内にいた人は全員即死したという。

広島県広島市

原爆ドーム data
住 広島県広島市中区大手町1-10　JR広島駅より広島電鉄「原爆ドーム前」下車、徒歩すぐ　常時公開
¥ 無料　休 無休

毎日新聞社／アフロ

［右］広島でスピーチをするオバマ大統領

2016年5月27日、広島市を訪問した米・オバマ大統領。被爆者とも言葉を交わし、そっと抱き寄せる場面も見られた。

［左］手前の元安川越しに見る原爆ドーム

物産品の展示・販売を目的として建てられたが、地域の美術館・博物館のような役割も果たしていた。戦争が激しくなると、官公庁の事務所などとして使用されていた。

Point!

1. 崩れた壁やむきだしの天蓋が爆撃の酷さを物語る。
2. 日本の音風景100選にも選ばれた「平和の鐘」の音。
3. 当時から残された資料を保存する「広島平和記念資料館」。

あの夏の日の記憶を その立ち姿に残す

現在「原爆ドーム」と呼ばれている建物は、1915年（大正4）にチェコの建築家ヤン・レッツェルによって、広島県物産陳列館（のちに産業奨励館と改名）として設計されたもの。当時には珍しいモダンな欧風建築で多くの話題を集めたそうだ。

しかし、1945年8月6日午前8時15分、広島上空で原子爆弾が投下される。爆心地から半径2km以内は壊滅的な被害を受け、その年内に14万人の人々が亡くなるなど、広島の町は地獄絵図と化した。すべてが焼け野原となった大地にこの建物だけが全倒壊せずに残っていたのである。偶然にも爆弾がこの建物のほぼ真上で爆発したため、特徴的な円蓋の骨組みとそれを支える建物が残った。この屋根の形から「原爆ドーム」と呼ばれるようになる。

戦後は「戦争を思い出すので潰して欲しい」という市民の声も多かった。しかし幼い頃に被害に遭い、若くして白血病で亡くなった女子生徒が「この建物だけが戦争の悲劇を後世に伝えるのだろう」と書き残したことで、保存に向けた署名運動が本格化。1966年、ようやく永久保存が確定したのである。

のちに「原爆ドームを世界遺産へ」の声が高まったが、世界遺産の審議会ではアメリカや中国などの反対を受けた。しかしほかの国の賛成によって1996年に「人類史上はじめて使用された核兵器の惨禍を如実に伝え、時代を超えて核兵器の廃絶と世界の恒久平和の大切さを訴え続ける人類共通の平和記念碑」として登録が決定。

2016年5月にはオバマ大統領が、米・現職大統領としてはじめて広島を訪問し、原爆慰霊碑への献花、約17分間に亘るスピーチを行った。

戦争の悲劇や過ちを後世に伝えるための「負の遺産」として登録された原爆ドーム。8月6日の投下日には、多くの人々が集まり平和記念公園で鎮魂の祈りが捧げられる。この一帯は平和記念公園として整備され、慰霊碑や資料館などが建ち並ぶ。原爆ドームの目の前を流れる元安川は毎年夏になると、灯籠が流され、鎮魂の声は今も途切れない。

column

綺麗な面ばかりではない 負の世界遺産とは

原爆ドームは「負の世界遺産」だ。これは戦争など人類の負の行為を戒めとするための世界遺産とされる。ユネスコが発表しているわけではなく明確な定義はないものの、原爆ドーム以外には黒人奴隷の貿易拠点となったセネガルのゴレ島、ユダヤ人が大量虐殺されたアウシュビッツ強制収容所、冷戦時代にアメリカの核実験が行われたビキニ環礁、アフガン戦争によって被害を受けたバーミヤン渓谷なども同じく負の遺産と呼ばれている。

ドイツ占領地だったポーランド南部につくられたアウシュビッツ強制収容所。一説によると、第2次世界大戦中のホロコーストによって約110万人以上の犠牲者が出たといわれている。

2016年5月オバマ米大統領
広島訪問スピーチ全文

vichie81 / Shutterstock.com

71年前、雲ひとつない明るい朝、空から死が落ちてきて、世界は変わった。閃光《せんこう》と炎の壁は都市を破壊し、人類が自らを破壊するすべを手に入れたことを実証した。

なぜ我々はこの地、広島に来るのか。それほど遠くない過去に解き放たれた恐ろしい力について考えるためだ。10万人を超える日本の男性、女性、子どもたち、多くの朝鮮半島出身者、そして捕虜となっていた十数人の米国人を含む犠牲者を追悼するためだ。彼らの魂は我々に語りかける。自分の今ある姿と、これからなるであろう姿を見極めるため、心の内に目を向けるよう訴えかける。

広島を際立たせているのは、戦争という事実ではない。暴力による争いは最初の人類とともに現れたことを歴史的遺物は、我々に教えてくれる。人類ははじめ、石片から刃物をつくり、木からやりをつくる方法を取得し、これらの道具を、狩りだけでなく同じ人類に対しても使うようになった。

穀物不足や黄金への渇望に駆り立てられようと、民族主義者の熱意や宗教上の熱情にせき立てられようと、いずれの大陸も文明の歴史は戦争であふれている。帝国は盛衰し、民族は支配下に置かれたり解放されたりしてきたが、節目ふしめで苦しんできたのは罪のない人々だった。犠牲者は数え切れないほどで、彼らの名前は時とともに忘れ去られてきた。

広島と長崎で残酷な終焉《しゅうえん》を迎えた世界大戦は、最も豊かで強い国家の間で起きた。彼らの文明は偉大な都市と素晴らしい芸術をもたらしていた。思想家は正義と調和、真実という理念を前進させていた。しかし戦争は、最初の部族間で争いを引き起こしてきたのと同じ、支配や征服を求める基本的本能によって生まれてきた。新たな抑制をともなわない新たな能力が、昔からの支配や征服のパターンを増幅させた。

数年の間で約6000万人が死んでしまった。我々と変わらない男性、女性、子どもが撃たれ、打ちのめされ、連行され、爆弾を落とされ、投獄され、飢え、毒ガスを使われ、尊い命を奪われてきた。世界各地には、勇気や勇敢な行動を伝える記念碑や、いうに堪えない卑劣な行為を反映する墓や空っぽの収容所など、この戦争を記録する場所が多く存在する。

しかし、この空に上がったきのこ雲のイメージが、我々に人類の根本的な矛盾を想起させた。我々を人類たらしめる能力、思想、想像、言語、道具づくりや、自然と区別する能力、自然を意志に屈させる能力……これらのものが同時に比類ない破壊の能力をもたらしたことを。

物質的な進歩や社会の革新が、この真実から我々の目をくらませることがどれほど多いか。気高い名目のため暴力を正当化することはどれほど容易か。偉大なすべての宗教は愛や平和、公正な道を約束している。一方で、どの宗教もその名の下に殺人が許されると主張するような信者を抱えることは避けられない。

国家は、犠牲と協力を結びつけるストーリーを語りながら発展してきた。さまざまな偉業を生んだが、このストーリーが抑圧や相違を持つ人々の人間性を奪うことにも使われてきた。科学は我々に海を越えて意思疎通することを可能にし、雲の上を飛び、病気を治し、宇宙を理解することを可能にした。しかし同じ発見は、科学をより効率的な殺人機械へと変えうる。

現代の戦争はこの真実を我々に教える。広島はこの真実を教える。技術の進歩は、人間社会が同様に進歩しなければ、我々を破滅に追いこむ可能性がある。原子の分裂につながる科学の革命は、道徳的な革命も求めている。

だからこそ、我々はこの場所に来た。我々はこの都市の中心に立ち、爆弾が落ちた瞬間を自ら想起し、目の前の光景に困惑する子どもの恐怖を自ら感じる。

我々は静かな叫びを聞く。あの恐ろしい戦争やその前の戦争、その後に起きた戦争で殺されたすべての罪なき人々に思いをはせる。単なる言葉でその苦しみを表すことはできない。しかし我々は歴史を直視し、そのような苦しみを繰り返さないために何をしなければならないかを問う共通の責任がある。

いつか証言する被爆者たちの声は聞けなくなる。それでも1945年8月6日の朝の記憶を風化させてはならない。その記憶は我々を安心感に浸らせることを許さない。我々の道義的な想像力の糧となり、我々に変化をもたらしてくれる。

あの運命の日から我々は希望をもたらす選択もしてきた。米国と日本は同盟関係を築くだけでなく、戦争を通じて得られるものよりもずっと多くのものを国民にもたらす友情を築いた。

欧州の国々は戦場に代わり交易や民主主義による結びつきを築いた。抑圧された人々や国々は自由を勝ち取った。国際社会は戦争を回避し、核兵器の存在を規制、縮小し、完全に廃絶するための機関を創設し協定を結んだ。

それでも、世界中で見られる国家間の侵略行為、テロや腐敗、残虐行為や抑圧は、我々のなすべきことには終わりがないことを示している。人類の悪行を働く能力を撲滅することはできないかもしれないから、国々や我々が築いた同盟が自らを守る手段を持たなければならない。

私の国のように核を保有している国々は、恐怖の論理から逃れ、核兵器なき世界を追求する勇気を持たなければならない。私が生きているうちにこの目標は達成できないかもしれないが、たゆまぬ努力が大惨事の可能性を小さくする。

我々はこうした貯蔵核兵器の廃棄に導く針路を描くことができる。新たな国への核兵器拡散を防ぎ、狂信者に死の物質を渡さぬよう守ることができる。しかし、それだけでは十分ではない。なぜなら、我々は今日、世界中で、粗雑な銃や「たる爆弾」でさえ恐るべき規模の暴力をもたらせることを、目の当たりにしているからだ。

我々は戦争そのものについての考えを改めなければならない。外交によって紛争を防ぎ、はじまってしまった紛争を終える努力をするために。増大していく相互依存関係を、暴力的な競争でなく、平和的な協力の理由として理解するために。破壊する能力によってではなく、築くものによって国家を定義するために。そしてなによりも、ひとつの人類として、お互いの関係をもう一度想像しなければならない。このことがまた、我々人類をユニークなものにするのだ。

我々は過去の過ちを繰り返す遺伝子によって縛られてはいない。我々は学ぶことができる。選択することができる。我々は子どもたちに異なる話をすることができ、それは共通の人間性を描き出すことであり、戦争を今より少なくなるようにすること、残酷さを簡単に受け入れることを今よりも少なくすることである。

我々はこれらの話を被爆者の中に見ることができる。ある女性は、飛行機を飛ばし原爆を投下した操縦士を許した。本当に憎むべきなのは戦争そのものであると気づいたからだ。ある男性は、ここで死亡した米国人の家族を探し出した。その家族の失ったものは、自分自身が失ったものと同じだと気づいたからだ。

私の国は単純な言葉ではじまった。すなわち、人類はすべて創造主によって平等につくられ、生きること、自由、そして幸福を追求することを含む、奪うことのできない権利を与えられている。

理想を実現することは、自分たちの国境の内においてさえ、自国の市民の間においてさえ、決して簡単ではない。しかし理想に忠実であることは、それだけで努力する価値がある。追求すべき理想であり、大陸と海をまたぐ理想だ。

すべての人のかけがえのない価値、すべての命が貴重であるという主張、我々は人類というひとつの家族の仲間であるという根源的で必要な考え。我々はこれらすべてを伝えなければならない。

だからこそ、我々は広島に来たのだ。我々が愛する人々のことを考えられるように。子どもたちの朝一番の笑顔のことを考えられるように。台所のテーブル越しに、妻や夫と優しく触れ合うことを考えられるように。父や母が心地よく抱き締めてくれることを考えられるように。

我々がこうしたことを考える時、71年前にもここで同じように貴重な時間があったと思い起こすことができる。亡くなった人々は我々と同じだ。

ほとんどの人々はこれを理解してくれると私は思う。みな、戦争はこりごりだと考えている。みな、科学は生活をよりよくすることに集中するべきで、生活を台無しにすることに集中してはならないと考えるだろう。各国の選択が、あるいは指導者たちの選択がこの簡単な分別を反映すれば、広島の教訓は生かされる。

世界はここで永遠に変わってしまったが、今日、この都市の子どもたちは平和の中で日々を生きていくだろう。なんと貴重なことだろうか。そのことは守る価値があり、そしてすべての子どもたちに広げる価値がある。それは私たちが選ぶことのできる未来だ。その未来では、広島と長崎は核戦争の夜明けとしてではなく、道徳的な目覚めのはじまりとして知られるだろう。

（河北新報2016年5月27日［共同通信配信］）

3章

日本の建築美に触れる

樹木は切り倒されたあとも、呼吸をし続けるという。
創建から年月の経った寺や神社に足を踏み入れると、どこか懐かしさを感じるのは、
木の温もりに包まれているように感じるからかもしれない。
世界最古の木造建造物をはじめ、寺社、城郭、民家にいたるまで、
日本建築の居心地のよさは折り紙付きだ。

古都奈良の
文化財

法隆寺地域の
仏教建造物

古都京都の
文化財

姫路城

白川郷・五箇山の
合掌造り集落

琉球王国のグスク
及び関連遺産群

京都の龍安寺にある枯山水の砂紋。

の都へ
たい

遥かないにしえ
タイムスリップし

12

古都奈良の文化財

登録年 1998年

登録基準 ii、iii、iv、vi

奈良に都が置かれたのは710年（和銅3）。
唐の長安を模してつくられた
華やかな都は平城京と呼ばれる。
約1300年の時を経て、
この地は世界の遺産として認められた。

構成資産

- 東大寺
- 興福寺
- 春日大社
- 春日山原始林
- 元興寺
- 薬師寺
- 唐招提寺
- 平城宮跡

薬師寺の薬師三尊像
中央に薬師如来、その両脇に日光菩薩（手前）と月光菩薩（奥）が立つ。気品あるたたずまいだ。（薬師寺提供）

Takashi Images / Shutterstock.com

cowardlion / Shutterstock.com

[右]**平城宮跡に復元された東院庭園**
平城京の東側の張出し部に位置する。奈良時代に迷いこんだかのような、優美な庭園だ。
[左]**春日大社中門**
高さ10mの朱塗りの楼門。左右に御廊が伸びる姿は、鳥がはばたくかのよう。

多くの国宝重文が点在 文化的な雰囲気が魅力

この地に都が置かれたのは710年(和銅3)。その後およそ70年の間、華やかな天平文化が栄えた。都は唐の長安を模してつくられ、道は東西約4・3㎞、南北約4・8㎞の碁盤の目状に整備。周囲には多くの寺院が建てられ、中央に据え置かれたのは極彩色の宮城(平城京)だ。そんな奈良は1998年「古都奈良の文化財」として世界遺産に登録された。時を超えてなお残る寺院建築の粋。日本の文化・信仰の礎となったことから、普遍的な価値があると認められたのである。

奈良駅から奈良公園へ向かう途中に見えてくるのは興福寺の五重塔。藤原鎌足夫人が夫の病回復を願って造営した寺で、往時よりは縮小したもののいまだに広大な敷地を誇る。寺に併設された国宝館には国宝クラスの仏像を多数保管。中でも阿修羅像は各地で開催された記念展で話題を集めた。そして高さ約15m、巨大な大仏で知られる東大寺。この大仏は盧舎那仏《るしゃなぶつ》と呼ばれ、干魃・凶作・飢饉・疫病から人々を救い国家を守るために都の一大プロジェクトとして制作された、奈良のシンボルともいえる存在だ。

昨今、おしゃれなカフェや雑貨店が並ぶ旧市街地・ならまち。風情と新しさが調和する町並みに建つのが元興寺である。日本最古の寺院ともいわれる飛鳥寺が前身で、平城京遷都とともにこの地に移った。この寺の屋根には、飛鳥から運ばれてきたとされる日本最古の瓦が残る。

コースはふたつに分けて古都の雰囲気を味わう

奈良の中心地から少し離れ、西ノ京へと向かえば薬師寺が迎えてくれる。680年(天武9)、時の天皇が皇后の病回復を祈って建立を発願したもので、南都七大寺のひとつ。国宝である東塔は大修理中なので、2020年のお目見えまでしばらくお預け。薬師寺近くにある唐招提寺は、唐の高僧・鑑真が仏教修行の道場として創建。8世紀後半につくられた金堂は、現存する最大の天平建築である。平成の大修理を終え、かつての壮大な姿を取り戻した。

神社として構成資産に登録されているのが春日大社だ。1・3㎞の参道は鬱蒼とした林に覆われ、道の端には寄進された2000基もの石灯籠。参道の最後に現れる社殿は平安末期の造営のまま守られている。そんな春日大社の東方に位置する春日山原始林は、春日大社のご神山。

名勝・猿沢池
興福寺の南にある猿沢池は、奈良公園きっての名勝地。南都八景にも数えられた。

池越しに見る薬師寺　朝焼けに染まる薬師寺の金堂と西塔、東塔。

Point!

1. **有名で美麗な仏像の宝庫。まずは興福寺国宝館がオススメ。**
2. **平和の祈りがこめられた奈良のシンボル・東大寺の大仏に手を合わせる。**
3. **春日山原始林をはじめとした、豊かな自然が残る古都を散歩したい。**

841年（承和8）に狩猟や伐採が禁止されて以降、今でも聖域として守られている。

　構成資産の最後のひとつは平城宮跡。特別史跡として保存され、第一次大極殿、東院庭園、朱雀門などが復元された。資料館では発掘調査の出土品なども見られ、往年の風格を味わえる。

　すべて奈良市内とはいえ離れている場所もあるので、見学は2パターンで回りたい。まずは奈良駅から奈良公園に向かって興福寺、東大寺、春日大社、そのままならまち散策のついでに、元興寺のコース。もうひとつは、奈良駅から電車で平城宮跡へ向かい、薬師寺、唐招提寺へ。前者では、ならまちなどの現代の奈良も堪能でき、後者では今なお残る古都の空気を感じることができる。

　万葉集でも「あをによし　奈良の都は　咲く花の薫ふがごとく　今盛りなり」と詠まれたこの都はどの季節に足を運んでも美しいが、桜の咲く春と紅葉の秋は格別。世界が認めた日本の古都は、訪れるだけで1300年前の古都へタイムスリップする気分を味わえる。

東大寺の大仏殿　盧舎那仏を納めるお堂で、正式には「東大寺金堂」という。

column

知れば仏像鑑賞がもっと楽しく！仏像ヒエラルキーとは？

ひと言で仏といっても仏像にはいろいろな形や種類がある。釈迦《しゃか》のように悟りを開いたあとの存在が、螺髪《らほつ》頭の「如来《にょらい》」。修行中の身であり、王族のように派手な装飾品をまとう「菩薩《ぼさつ》」。密教から生まれ、怒りの表情で仏敵を滅ぼす「明王《みょうおう》」。インドの神が仏教に取りこまれ生まれた「天《てん》」。天は個性豊かな神々の集まりであり、仏のサポートが主な仕事。よって、仏像のヒエラルキーも、如来、菩薩、明王、天の順である。

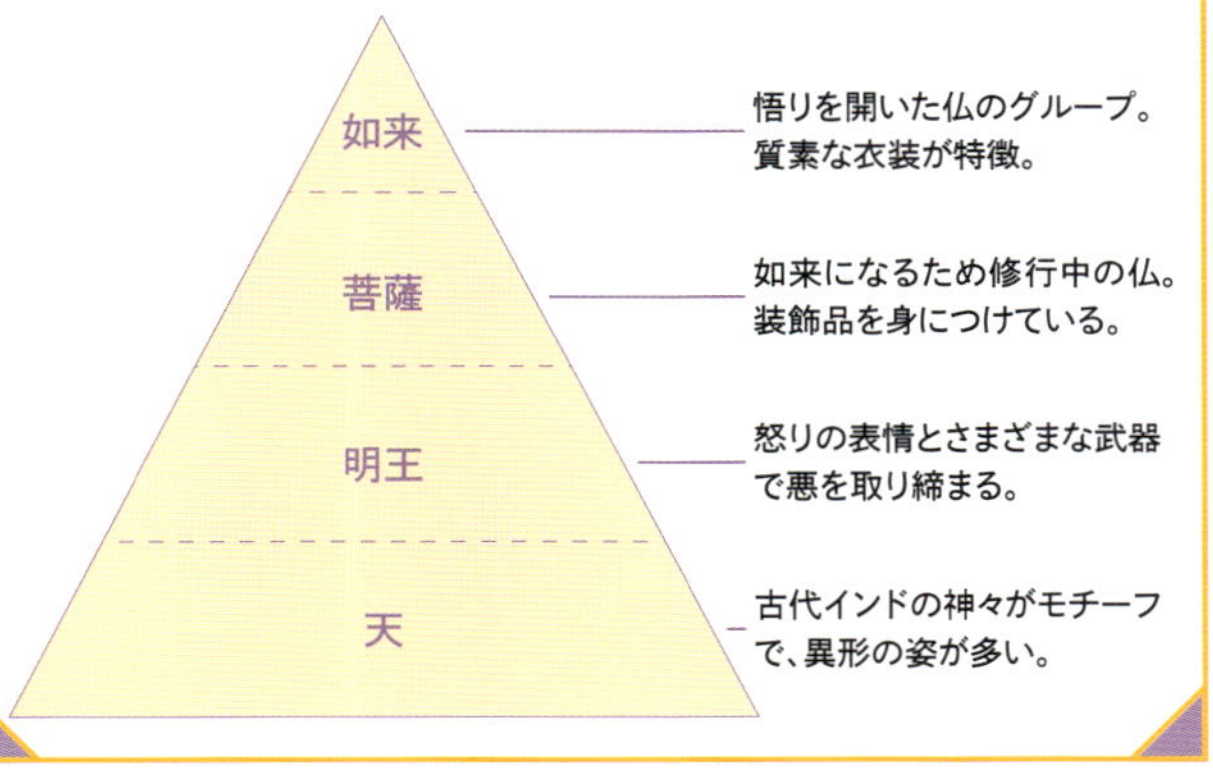
如来
悟りを開いた仏のグループ。質素な衣装が特徴。
菩薩
如来になるため修行中の仏。装飾品を身につけている。
明王
怒りの表情とさまざまな武器で悪を取り締まる。
天
古代インドの神々がモチーフで、異形の姿が多い。

古都奈良の文化財

東大寺

奈良の大仏さまと慕われる盧舎那仏像を有する東大寺。世界最大級の木造建築である大仏殿をはじめ、法華堂(三月堂)、経庫、転害門などの建築群は見応え充分。境内の東大寺ミュージアムでは長い歴史を学び、寺宝を鑑賞することができる。

住 奈良県奈良市雑司町406-1 JR奈良駅または近鉄奈良駅よりバス「大仏殿春日大社前」下車、徒歩約5分 大仏殿・法華堂(三月堂)・戒壇堂は7時30分～17時30分(季節により異なる)、東大寺ミュージアムは9時30分～ ¥ 大仏殿・法華堂(三月堂)・戒壇堂・東大寺ミュージアムは各500円 休 無休

興福寺

奈良の都を見下ろす高台に建つ。権勢を誇った藤原氏の氏寺として興隆した。阿修羅像をはじめとした八部衆立像など寺宝を一堂に展示している国宝館は、ファン必見の仏像を多く収蔵。室町時代に建てられた東金堂や五重塔といった国宝建造物はもちろん、復元工事中の中金堂の完成も期待が膨らむ。

住 奈良県奈良市登大路町48 近鉄奈良駅より徒歩約5分 東金堂・国宝館は9時～17時 ¥ 境内は無料。東金堂は300円、国宝館は600円、共通券は800円 休 無休

春日大社

御蓋山の山麓に建ち、鮮やかな朱色の中門や回廊が人々を迎える。春日大社の祭神である鹿島神が白鹿に乗ってきたという伝説から、一帯では鹿は神の使いとされ大切にされてきた。お盆と節分に催される「万燈籠」では、境内すべての燈籠に明かりが灯され、幻想的な空間を醸し出す。

住 奈良県奈良市春日野町160 JR奈良駅または近鉄奈良駅よりバス「春日大社本殿」下車、徒歩すぐ 開門6時～18時(10～3月は6時30分～17時)。本殿前特別参拝は8時30分～16時。植物園は9時～17時(12～2月は9時～16時30分)。宝物館は平成28年夏頃まで改修のため閉館中 ¥ 境内自由。本殿前特別参拝500円、植物園500円 休 無休

春日山原始林

春日大社の背後にある森で、信仰の場として1100年以上、大切に保護されてきた。遊歩道が設置されており、森林浴やハイキングにうってつけ。特に紅葉の時期がおすすめだ。昼でも鬱蒼とした森を抜け、若草山の頂上からは奈良市内を一望できる。道中では点在する石仏や石窟仏を探しながら散策したい。

住 奈良県奈良市 JR奈良駅または近鉄奈良駅からバス「春日大社本殿」下車、徒歩約5分 ¥ 無料 休 無休

平城宮跡

平城京の中枢だった宮城跡。昭和30年代から発掘調査が続けられているが、まだ全容解明にはいたっておらず、復元されている建物も、国の儀式や政治が行われた第一次大極殿や正門の朱雀門、東院庭園などわずか。とにかく広いので、平城宮跡資料館で予習をして全体像を把握してから歩きたい。

住 奈良県奈良市佐紀町ほか　近鉄大和西大寺駅より徒歩約10分、またはJR奈良駅からぐるっとバスで「平城宮跡」下車、徒歩すぐ　見学自由、各施設は9時～16時30分(入場は16時まで)　¥ 無料。平城京歴史館は500円　休 各施設は月曜(祝日の場合は翌日)、年末年始

薬師寺

680年(天武9)、天武天皇が皇后(のちの持統天皇)の病気平癒のために発願した寺で、天皇が皇后のために寺を建てたはじめての例。創建から唯一現存する東塔は「凍れる音楽」と評される国宝(2020年6月頃まで解体修理中)。金堂の薬師三尊像など、白鳳時代の仏像も多い。

住 奈良県奈良市西ノ京町457　近鉄西ノ京駅より徒歩すぐ　8時30分～17時(受付は16時30分まで)　¥ 800円(玄奘三蔵院伽藍公開期間中は1100円)　休 無休

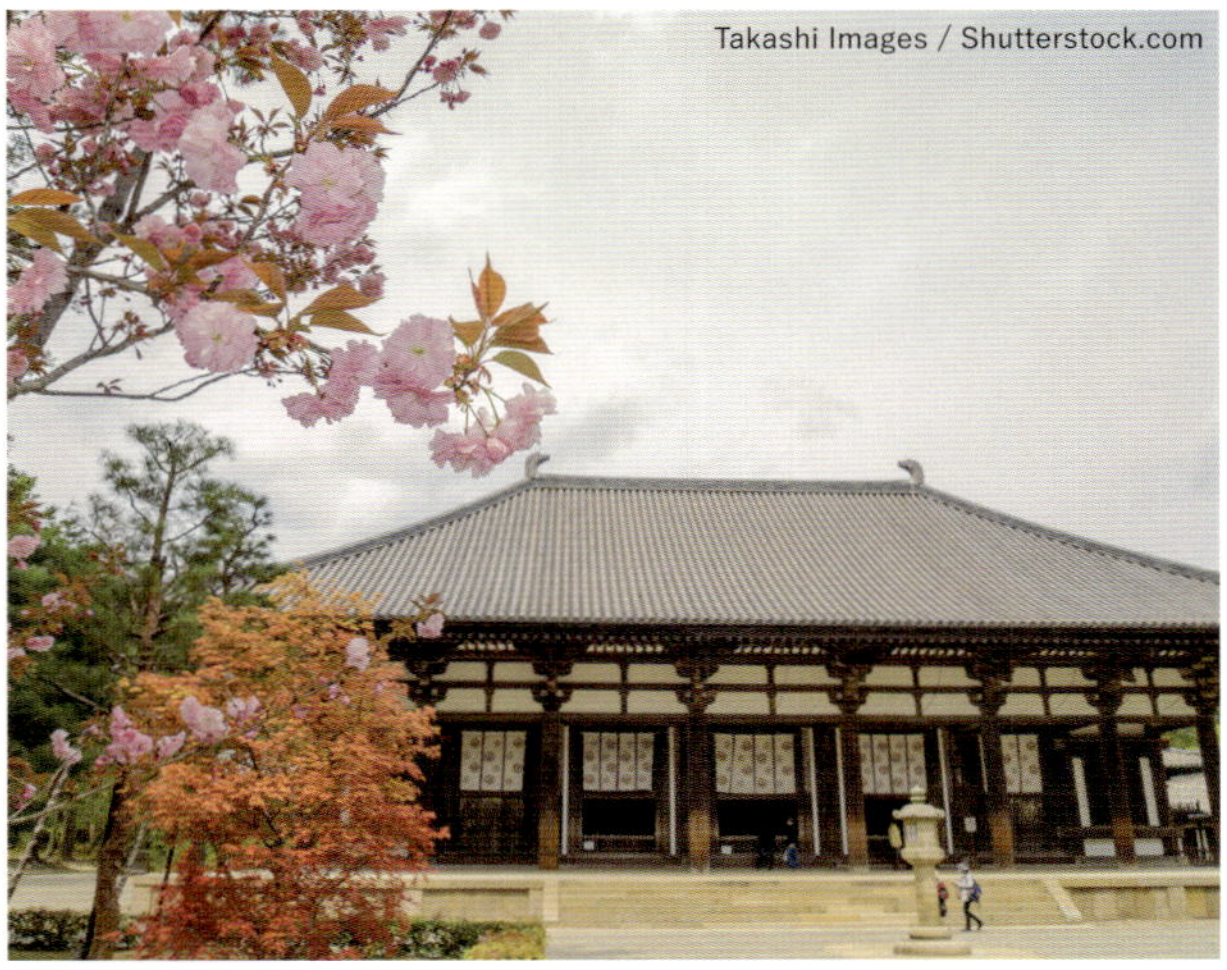

Takashi Images / Shutterstock.com

元興寺

南都七大寺のひとつ。平安中期に一度衰退するも、寺に残っていた「智《ち》光《こう》曼《まん》荼《だ》羅《ら》」が注目を集め、浄土信仰の中心地として再び息を吹き返した。どこか庶民的な雰囲気が漂うが、極楽堂(本堂)、禅室はともに国宝。同じく国宝の五重小塔も、ミニチュア版ながら天平建築を今に伝える貴重な建築物だ。

住 奈良県奈良市中院町11　近鉄奈良駅より徒歩約15分　9時～17時(入門は16時30分まで)　¥ 500円(秋季特別展期間中は600円)　休 無休

唐招提寺

唐招提寺の金堂は、最大にして、金堂としては唯一残る天平建築。中に安置されている、実際に1000本の腕があった千手観音立像(現在は953本)も必見。井上靖の名作のタイトルともなった「天平の甍《いらか》」は、金堂の屋根に取りつけられていた鴟《し》尾《び》を指し、現在は新宝蔵で見ることができる。

住 奈良県奈良市五条町13-46　近鉄西ノ京駅より徒歩約10分　8時30分～17時(受付は16時30分まで)　¥ 600円。御影堂は500円、新宝蔵は200円　休 無休

色あせぬ匠の技術と装飾美

時代を越えた仏教建築がひとところにあり、
そのどれもが優れた遺構である
奈良・法隆寺と法起寺の建造物。
世界に類のない木造建築を訪ねに、
斑鳩の里へ出かけよう。

構成資産
- 法隆寺
- 法起寺

13

法隆寺地域の仏教建造物

登録年 1993年

登録基準 i、ii、iv、vi

Point!

1. 世界最古の木造建築が11棟! 1300年以上も現状を留める技術にも注目。
2. 大陸との文化交流をうかがわせる雲形組物やエンタシスの装飾美を見つけて。
3. 「玉虫厨子」や「百済観音」など仏教美術の宝庫。

法起寺の三重塔
法隆寺から徒歩で20分ほど離れた場所にある。周囲のコスモスが咲き乱れる秋に訪れるのがおすすめ。

13 法隆寺地域の仏教建造物

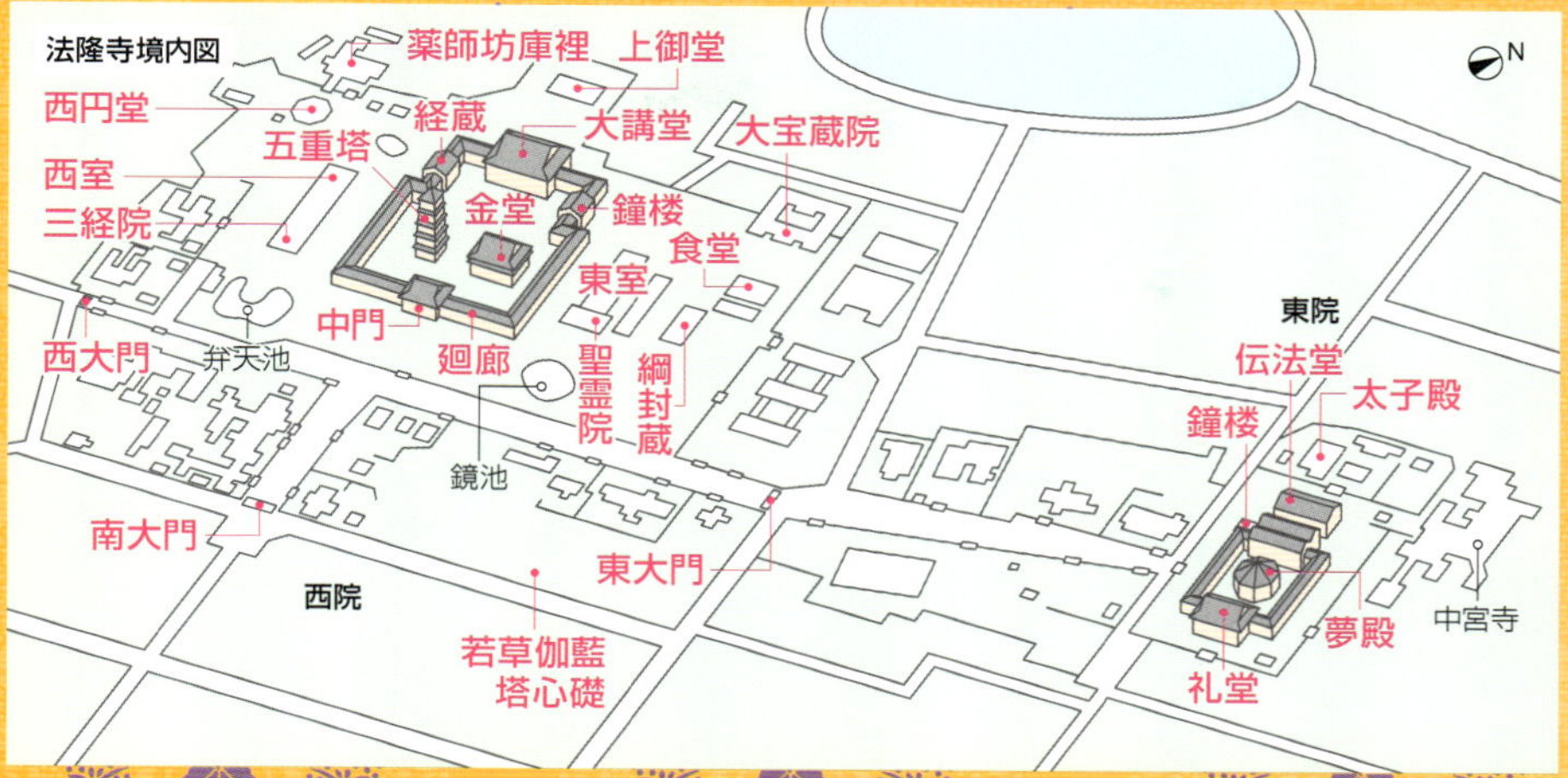

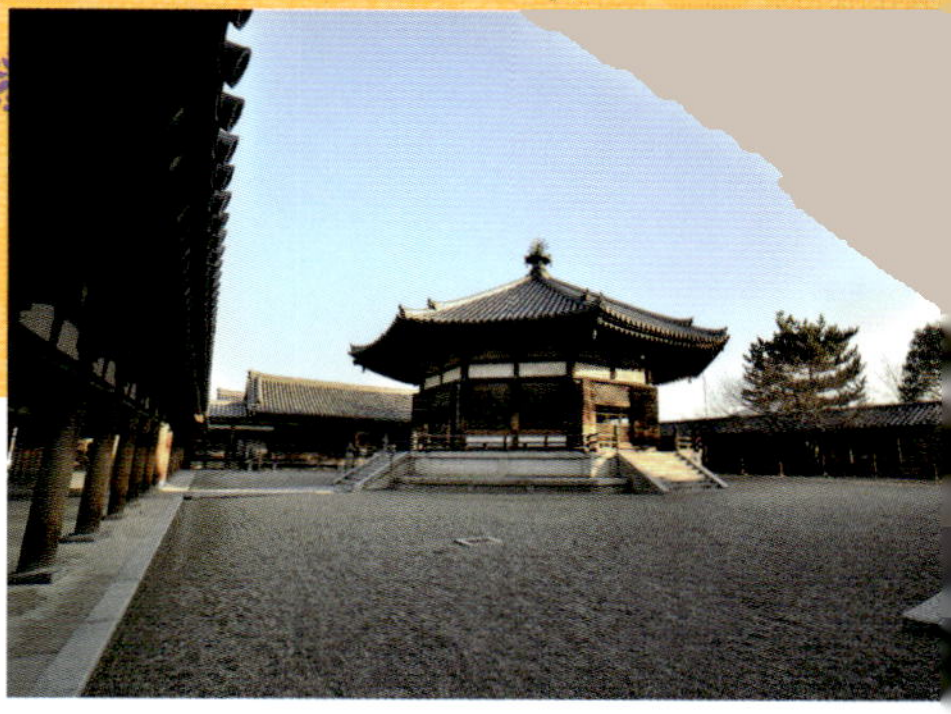

［上］法隆寺の西院伽藍
「伽藍」とは寺院の建造物を指す。法隆寺の西院は、伽藍の配置が珍しく左右非対称になっている。（奈良県ビジターズビューロー提供）
住 奈良県生駒郡斑鳩町法隆寺山内1-1　JR法隆寺駅より徒歩約20分　8時～17時（11月4日～2月21日は16時30分まで）
¥ 1500円　休 無休

［下］東院の夢殿
東院の中央にある八角円堂。安置されている救世観音像は、聖徳太子の等身大と伝わる。（奈良県ビジターズビューロー提供）

世界最古の木造建造物と大陸の影響を受けた意匠

法隆寺があるのは、奈良県生駒郡斑鳩《いかるが》町。最寄りのJR法隆寺駅からは歩くと約20分ほどかかるので、「古都奈良の文化財」が点在する奈良市街地の近鉄奈良駅から法隆寺前までバスでダイレクトにアクセスするのもおすすめだ。

到着した先で待っているのは、仏教伝来という日本の転換期を起点に1000年の歳月をかけてできあがった、各時代の最高峰というべき仏教建築。西院、東院からなる大伽藍のうち中門、金堂、五重塔、廻廊、経蔵、東室、食堂、東大門、夢殿、伝法堂の10棟は世界でも最古の木造建築である。

607年（推古15）、用明天皇が自身の病気平癒のために誓願し、推古天皇と聖徳太子が創建した斑鳩寺が法隆寺の起源だ。670年（天智9）に落雷による火事で焼失したものの、のちに再建されたのが現在の伽藍で、8世紀に完成した木造の建物が朽ちも崩れもせず現存していることにまず驚くと同時に、飛鳥時代の卓越した建築技術に敬意を表さずにはいられない。

法隆寺の建築木材にはすべて耐用年数の長いヒノキが使われており、五重塔には揺れを逃がす耐震技術もみられる。修復と保存に努めてきた後世の人々の功績も大きく、300年に一度、木組みをすべて解体し、腐敗した木は取り替える修復作業が行われているのだが、それでもいまだに60％以上は創建当時のものだ。

建築物にはそれぞれ、美的要素も多い。南大門を進むとまず西院伽藍にいたるが、中門をくぐり、まず目を奪われるのが高さ約31・5mの五重塔だ。塔としての安定感もさることながら、張り出した軒を支える雲形組物、そして高欄に見られる人字《ひとじ》形割束《がたわりづか》や卍崩しの模様に注目したい。これは中国の影響を受けた意匠であるが、現在の中国には同時代、同様の建物は残っていない。海を越えた大陸との交流をうかがわせる装飾美は廻廊の柱にも見られる。ギリシャのパルテノン神殿と同じ、胴の中央部分に膨らみをもたせるエンタシスで、それが何本も並ぶ様子は壮麗。金堂では、本尊の釈迦如来三尊像が拝観できるが、これはわずかにアルカイックスマイルをたたえた飛鳥時代の傑作と名高い。

聖徳太子の思いを紡ぐ48棟の仏教建築

西院伽藍をあとにしたら、大宝蔵院と百済観音堂に向かおう。玉虫の羽9000枚で装飾していたという玉虫厨子《ずし》のほか、細身のラインが美しい百済観音など数々の寺宝を拝見でき、さながらミュージアム。東院伽藍に移動するとその中心に夢殿があるが、その秘仏・救世観音像は春と秋にだけ特別公開される。

世界遺産を構成するのは、法隆寺に属する47棟に、法起寺の三重塔を合わせた全48棟。この三重塔は日本最古の三重塔であり、着工こそ法隆寺五重塔のほうが先だったものの、完成はそれより早い706年（慶雲3）と伝わる。法隆寺と法起寺はいずれも聖徳太子ゆかりの遺構で、その保存には聖徳太子を神格化した太子信仰が大きく影響した。「和を以て貴しとなす」という理想のために仏教を重んじた聖徳太子。その思いを紡いだ斑鳩の里の建造物群は以後、日本の仏教建築の原点となったのだ。

構成資産			
賀茂別雷神社（上賀茂神社）	醍醐寺	西芳寺	本願寺（西本願寺）
賀茂御祖神社（下鴨神社）	仁和寺	天龍寺	二条城
教王護国寺（東寺）	平等院	鹿苑寺（金閣寺）	
清水寺	宇治上神社	慈照寺（銀閣寺）	
延暦寺	高山寺	龍安寺	

Point!

1. 約300件ある京都の国宝・重文指定建造物のうちの最高峰がずらり!
2. 庭園を見比べると、それぞれに創建時の時代背景が反映されている。
3. 四季折々の自然の美しさと、障壁画や仏像などのアートも鑑賞したい。

美と歴史に彩られた千年の都を旅する

14 古都京都の文化財

登録年 1994年

登録基準 ii、iv

1000年以上も日本の中心であり続けた京都は、多彩な文化や芸術を生み国内外に影響を与えた。最高峰の文化財が集まるかつての都は、今も昔も人々を魅了してやまない。

清水の舞台と紅葉

「清水の舞台」として知られる清水寺の本堂。現在でも法会の際には雅楽や能などの芸能が奉納されることがある。

時代背景を映した最高峰の建造物と庭園

京都に現存する建造物のうち重要文化財は294件、うち国宝は50件（平成28年7月現在）にのぼり、これは全国最多の数である。それもそのはず、この街は平安京のはじまりである794年（延暦13）から東京遷都の1869年（明治2）まで1000余年の間、日本の都であり続け、政治の中枢であるとともに文化を育んで来たのだ。東京に首都が移されてまだ150年も経っていないことを考えると、いくら現代の進歩が目覚ましいとはいえ、京都の足元にも及ばないといったところだ。

驚くべきはその長い歴史の中、建造物がほぼ創建当初の形で残され保存されてきたこと。幾度も戦乱が勃発し戦火に見舞われ、たいていの木造建築は一度焼失しているが、都度、権力者たちがその価値を認め再建に努めてきたのである。世界に誇れる日本の歴史・文化的価値としてもさることながら、そういった保存の経緯も評価の対象となり、平安遷都1200年を迎えた1994年、16の寺社とひとつの城が「古都京都の文化財」として世界遺産に登録された。

登録されたのは、平安から江戸までそれぞれの時代の特徴を色濃く反

[右上]東寺と不二桜
桜の名所で知られる東寺で一番の大木である不二桜。毎年3月中旬～4月中旬にかけてライトアップされる。

[左上]雪景色の天龍寺の曹源池庭園
四季折々に楽しめる、大方丈から眺める天龍寺の庭園。嵐山や亀山を借景としている。（天龍寺提供）

[下]紅葉に染まる鳳凰堂
阿字池越しの鳳凰堂。当時より地面が高くなっているので、しゃがんで見るのがおすすめ。

映しており、国宝・重要文化財の中でも最高峰と呼べるスポットばかりだ。建造物に焦点を当てるなら、数年前に創建当時の朱塗りが蘇った平等院や、日本最古の神社建築である宇治上神社がある宇治エリアがおすすめ。このあたりは源氏物語の宇治十帖の舞台としても有名である。その他、清水寺の本堂を支える「清水の舞台」も必見で、釘を1本も使わず、139本のケヤキの柱を組んだ懸造《かけづく》りのスケールは圧巻。貴族文化と武家文化を見事に融合させた鹿苑《ろくおん》寺《じ》（金閣寺）と慈照寺《じしょうじ》（銀閣寺）の対照的な美しさも格別だ。修行場として栄えた延暦寺は神秘的である。

開花時期や祭りに合わせ訪れるとベスト

あるいは庭園を見比べてみると世相がよくわかる。平安時代の庭は、貴族の邸宅や離宮としてつくられたので自然の縮景である。平等院のような浄土式庭園は極楽浄土の世界を再現しようとしたもので、政権が武家へ渡ると建物の中から見ることを意識した書院式庭園が登場。禅寺では龍安寺《りょうあんじ》の石庭に代表される枯山水が生まれる。〝モス・ガーデン〟と世界中で賞賛される西芳寺《さいほうじ》や、天龍寺の回遊式庭園などを手がけたのは僧侶の夢窓疎石《むそうそせき》だ。天龍寺の庭は、

嵐山の借景も取り入れた構図となっており、盆地特有の地形を生かした自然の取り入れ方も巧みである。また江戸時代の庭は権力を体現しており、茶の湯の流行にともない茶庭も盛んにつくられた。

建造物や庭園を愛でるほかにもさまざまな楽しみ方がある。なんといっても、四季折々の景色や伝統的な催事は限られた時間だけお目にかかれるものだから見逃せない。ベストシーズンを狙いたいのが醍醐寺《だいごじ》のしだれ桜や仁和寺《にんなじ》の御室桜、高山寺の紅葉だ。上賀茂神社、下鴨神社では毎年5月中旬に平安の趣を感じられる葵祭が行われている。五重塔で有名な教王護国寺《きょうおうごこくじ》（東寺）では毎月21日に弘法市が開催されているので訪ねるチャンスも多いだろう。そして最たるは、美術品の鑑賞。徳川幕府の栄華を伝える二条城や、浄土真宗本願寺派本山の西本願寺では、狩野派による絢爛豪華な障壁画にすっかり魅了されるはずだ。

遺産の歴史的・芸術的価値を知れば知るほど、創建した人物やその時代を生きた人々、保存に努めた者の思いに気づかされる。仏教の世界観を重んじ、自然を敬い、ひいては平和や平等を願った先人たちがつくった建造物の数々。1000年の都は、奥深い。

Luciano Mortula / Shutterstock.com

Sean Pavone / Shutterstock.com

[右]醍醐寺の五重塔
醍醐天皇の冥福を祈るために建てられた、京都府最古の木造建築物。

[左上]銀閣寺の東求堂
東求堂の拝観は春・秋の特別公開時のみだが、庭から内部を見ることができる。

[左下]龍安寺の枯山水庭園
15個の石が置かれ、訪れる人々の心を休めてくれる。方丈の縁側に座って眺めたい。

似てる セカイ遺産

都市全体が遺産の宝庫！ 誰もが知る「花の都」の魅力

京都とよく比べられるのが、フランスの世界遺産である「パリのセーヌ河岸」。都市が建設されて2000年以上もヨーロッパの中心であり続け、景観を重視しながらその街並が守られてきた点が京都と共通しているが、日本の首都が東京に移ったのに対して、パリは今も首都として発展し続けている。登録物件にはエッフェル塔、ノートルダム大聖堂、ルーヴル美術館、シャンゼリゼ通りやポン・ヌフ橋など、観光名所が目白押しだ。

古都京都の文化財

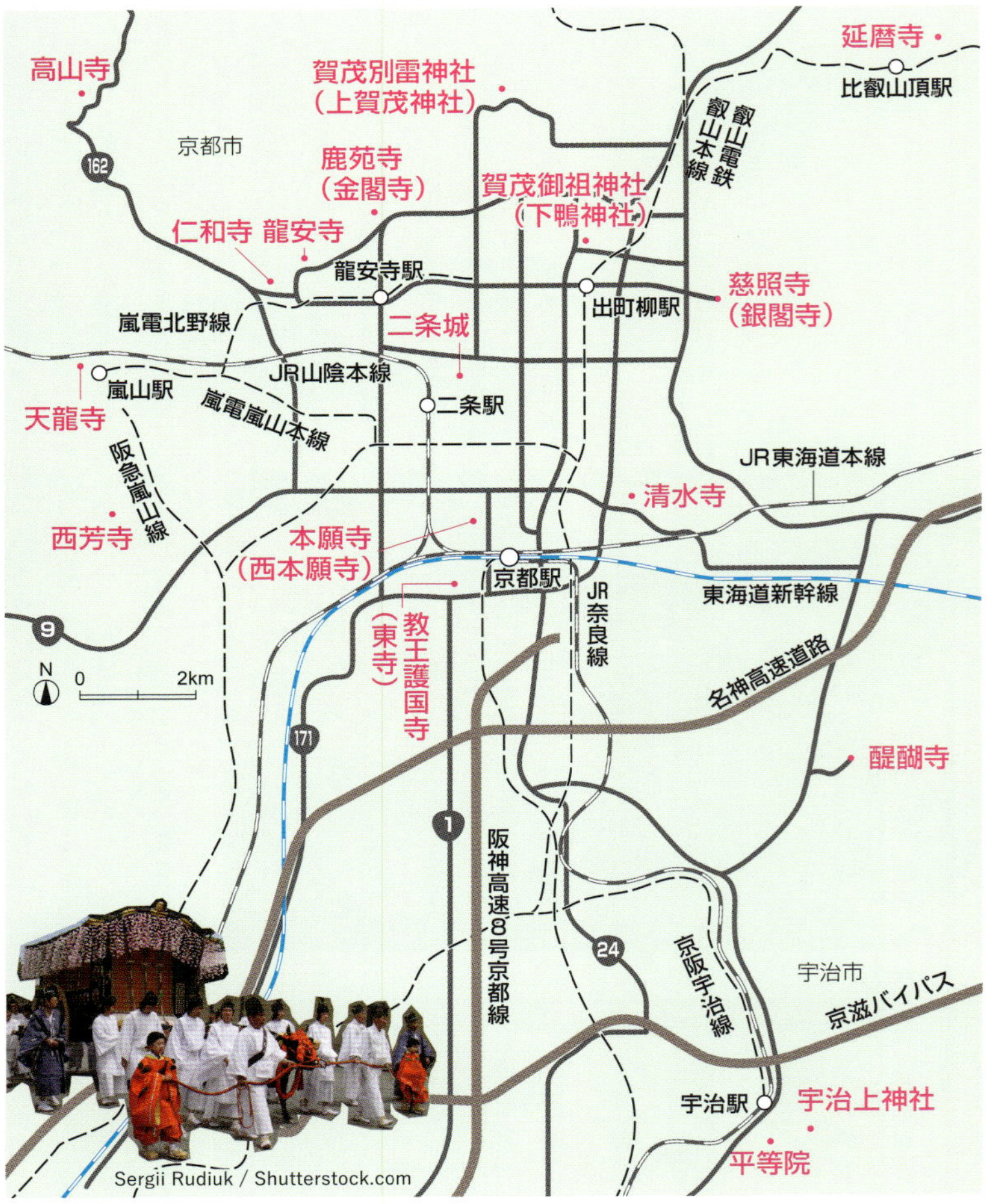

二条城

徳川家康が京都に宿泊するための城として建設されたのがはじまり。京都市街にある平城で、狩野派による城内の障壁画は大迫力。日本100名城としても名を馳せ、二の丸御殿は国宝に認定されている。

住 京都府京都市中京区二条通堀川西入二条城町541　地下鉄東西線二条城前駅より徒歩すぐ　8時45分～16時(二の丸御殿9時～16時)　¥ 600円　休 年末年始12月26日～1月4日、毎年12･1･7･8月の毎週火曜日

平等院

平安時代の権力者・藤原道長の別荘を、息子の頼通が寺に改めた。赤い翼を広げるがごとくたたずむ鳳凰堂は外観もさることながら、安置された金色の阿弥陀如来像、その周囲を飛ぶ雲中供養菩薩にも心奪われる。

住 京都府宇治市宇治蓮華116　京阪宇治駅より徒歩約10分　8時30分～17時30分(受付は17時15分まで)、平等院ミュージアム鳳翔館は9時～17時(受付は16時45分まで)、鳳凰堂内部は受付が9時10分～16時10分、20分ごとに50名ずつ案内　¥ 600円(鳳凰堂内部拝観は別途300円)　休 無休

宇治上神社

日本最古の神社といわれ、本殿は1060年(康平3)頃に建てられた現存最古の神社建築。3つの本殿が、覆屋という大きな建物の中に収まるという特殊な構造をしているのがポイント。拝殿の屋根のカーブにも注目。

住 京都府宇治市宇治山田59　京阪宇治線宇治駅より徒歩約10分　9時～16時30分　¥ 無料　休 無休

本願寺(西本願寺)

浄土真宗本願寺派の本山。1591年(天正19)に豊臣秀吉の寄進により現在地に移った。御影堂と阿弥陀堂、日本最古とされる能舞台や唐門など桃山・江戸時代を代表する国宝建造物が多数。内部を見学できる春と秋の特別公開時に訪れたい。

住 京都府京都市下京区堀川通花屋町下ル　京都駅よりバス「西本願寺前」下車、徒歩すぐ　5時30分～17時30分(5～8月:～18時、11～2月:～17時)　¥ 無料　休 無休

高山寺

創建は奈良時代であったが、1206年(建永元)に後鳥羽上皇の明恵上人への帰依により、高山寺として再建された。日本初にして最古の茶園や、鳥獣人物戯画4巻(国宝)を所有。鎌倉時代初期の寝殿造りの雰囲気が残る遺構も見どころ。

住 京都府京都市右京区梅ヶ畑栂尾町8　京都駅よりバス「栂ノ尾」下車、徒歩約5分　8時30分～17時　¥ 石水院拝観料800円(紅葉時期のみ入山料500円)　休 無休

醍醐寺

醍醐山の神が湧き水を飲んで「醍醐味かな」と呟いた故事が寺名の由来。豊臣秀吉が「醍醐の花見」と呼ばれる盛大な宴を行った場所でもあり、これにちなみ毎年4月第2週には「豊太閤花見行列」が催される。

住 京都府京都市伏見区醍醐東大路町22　JR山科駅よりバス「醍醐寺前」下車、徒歩すぐ　9時～17時(3月～12月第1日曜日)、9時～16時(12月第1日曜日の次の日～2月末)　¥ 三宝院拝観料、入山料それぞれ600円　休 無休(醍醐寺霊宝館は休館日あり)

清水寺

修学旅行でも定番、「清水の舞台」で有名な北法相宗の本山。780年(宝亀11)に坂上田村麻呂が創建したと伝わる。寺名の由来となった湧き水は、「音羽の滝」として境内に流れ、飲むと延命長寿などのご利益があるとされる。

住 京都府京都市東山区清水1-294　京都駅よりバス「五条坂」下車、徒歩約10分　6時～18時(閉門時間は季節により異なる)　¥ 400円(本堂･舞台)　休 無休

西芳寺

奈良時代に行基が開いたとされる。池泉回遊式庭園（史跡・特別名勝）はおよそ120種類もの苔におおわれ、「苔寺」とも呼ばれる。寺内には、重要文化財として岩倉具視が隠れ住んだといわれる湘南亭がある。1週間以上前の事前申し込みと、当日の写経が必須。

住 京都府京都市西京区松尾神ヶ谷町56　京都駅よりバス「苔寺 鈴虫寺」下車、徒歩約3分　事前申し込み制（入場開始は時間指定、所要時間90分）　¥ 3000円　休 無休

龍安寺

細川勝元が1450年（宝徳2）に別荘を譲り受け、禅寺として建立した寺。方丈庭園（史跡・特別名勝）という石庭の枯山水の平庭は名高い。「虎の子渡しの庭」とも呼ばれ、白砂に15個の石が配置され、名庭として評価されている。

住 京都府京都市右京区龍安寺御陵下町13　京阪電鉄三条駅よりバス「龍安寺前」下車、徒歩すぐ　8時～17時（3月1日～11月30日）、8時30分～16時30分（12月1日～2月末日）　¥ 500円　休 無休

天龍寺

後醍醐天皇の菩提を弔うために1339年（延元4）に、足利尊氏によって建立された。建物は度重なる戦火により消失しており、明治時代以降に再建されている。夢窓疎石の作庭である庭園には貴族文化と禅の融合的な特徴が表れていて、独特の美しさがみられる。

住 京都府京都市右京区嵯峨天龍寺芒ノ馬場町68　京福電鉄嵐山線嵐山駅より徒歩すぐ　8時30分～17時30分（10月21日～3月20日までは17時に閉門）　¥ 500円（庭園）（諸堂参拝には左記料金に100円追加）　休 無休

賀茂別雷神社（上賀茂神社）

678年（天武7）に創建された。本殿など2棟が国宝で、41棟が重要文化財、境内は史跡に指定されている。二ノ鳥居をくぐった先には、神山を模した「立砂」が目に入る。

住 京都府京都市北区上賀茂本山339　京都駅よりバス「上賀茂神社前」下車、徒歩すぐ　5時～17時　¥ 無料（国宝・本殿権殿特別参拝は500円）　休 無休

賀茂御祖神社（下鴨神社）

平安京が造営されるずっと以前から神聖な場所であったといわれている。国事や国民の平和を願う神社。国史跡である「糺（ただす）の森」の境内には、国宝である本殿が鎮座し、その他53棟もの重要文化財である社殿が並んでいる。

住 京都府京都市左京区下鴨泉川町59　市営地下鉄北大路駅よりバス「下鴨神社前」下車、徒歩すぐ　6時30分～17時　¥ 無料（特別拝観「大炊殿」は500円）　休 無休

（公社）びわこビジターズビューロー提供

延暦寺

京都府と滋賀県の県境に位置する。最澄や親鸞をはじめ、歴史に名を残す高僧たちのほとんどがここで教えを受けている。霧が頻繁に発生し、「煙雨：比叡の樹林」として琵琶湖八景に数えられる。聖地の静けさを体で感じて。

住 滋賀県大津市坂本本町4220　延暦寺駅より徒歩約8分　東塔地区は8時30分～16時30分（3～11月）、9時～16時（12月）、9時～16時30分（1～2月）　西塔・横川地区:9時～16時（3～11月）、9時30分～15時30分（12月）、9時30分～16時（1～2月）　¥ 700円（東塔・西塔・横川共通券）、500円（国宝殿拝観料）　休 無休

教王護国寺（東寺）

創建から約1200年、平安京時代の伽藍配置をほぼそのまま伝える。日本ではじめての密教寺院であり、唐で密教を学んだ空海が嵯峨天皇より託された寺。毎月21日の「弘法市」は1000店以上の露店が並び、とてもにぎやか。

住 京都府京都市南区九条町1　京都駅より徒歩約15分　5時～17時、～18時（夏期）、5時～16時30分（冬期）　¥ 御影堂、食堂などの拝観は無料／800円（金堂・講堂・五重塔）（特別公開、特別参拝などで変動あり）　休 無休

鹿苑寺（金閣寺）

室町幕府3代将軍の足利義満が山荘北山殿をつくったのがはじまりとされる。一層は寝殿造り、二層は武家造り、三層は禅宗仏殿となっており、それぞれ異なる建築様式は見応えがある。

住 京都府京都市北区金閣寺町1　京都駅よりバス「金閣寺道」下車、徒歩すぐ　9時～17時　¥ 400円　休 無休

慈照寺（銀閣寺）

室町幕府8代将軍の足利義政の山荘東山殿が起源である。一層は住宅風のつくりで二層は禅宗の仏堂風につくられている。金閣寺よりも質素で、義政が禅宗文化に帰依していたことがうかがえる。

住 京都府京都市左京区銀閣寺町2　京都駅よりバス「銀閣寺道」下車、徒歩すぐ　8時30分～17時（夏期）、9時～16時30分（冬期）　¥ 500円　休 無休

仁和寺

886年（仁和2）、光孝天皇によって建立され、応仁の乱による戦災で衰退するも、寛永年間（1624～44）に再興された。皇族・貴族とつながりが深かった影響で、御所風の建築や装飾をしている。阿弥陀三尊像や孔雀明王像などの国宝を所蔵。

住 京都府京都市右京区御室大内33　JR京都駅よりバス「御室仁和寺」下車、徒歩すぐ　9時～17時（3～11月）、9時～16時30分（12～2月）　¥ 境内無料、一部有料大人500円（期間限定、特別拝観などにより異なる）　休 無休

15

姫路城

登録年 1993年

登録基準 i、iv

歴史的価値のある木造建築として、日本最初の世界遺産となった姫路城。人々を魅了する美しい大天守はまた、やる気満々の戦う要塞でもあった!

せ持つ

夕焼けに映える姫路城

ひときわ高い大天守の周囲を3つの小天守と渡り櫓がめぐっており、合わせて天守群を構成している。連立式天守という格式の高い構造で、現存では姫路城と松山城の2例しかない。「姫路城十景」のひとつである男山配水池公園から撮影。

現存する建造物の数は日本のお城第1位

新幹線も停まるJR姫路駅の北口を出ると、まっすぐ延びる大手前通りの先に姫路城がそびえ立つ。「白すぎ」と話題になった2015年3月の公開時に比べるとやや落ち着きのある色になったが、それでも優美なフォルムの大天守はまばゆく光り輝いており、圧倒的な存在感を放っている。

1993年、自然遺産である「白神山地」と「屋久島」、文化遺産である「法隆寺」とともに、日本最初の世界遺産となった。法隆寺と同様、美しさと歴史的価値をあわせ持った日本を代表する木造建築である点と、全国の城郭の中で最もよく保存されている点が評価されたからだ。

南北朝時代に築かれたとされる姫路城は、戦国時代後期になって豊臣秀吉が城主となり、土の城から石垣や三重の天守を持つ近世城郭へと改修された。ただし、現在の姿へと変貌を遂げたのは、関ヶ原の戦い後に城主となった池田輝政の時代だ。江戸幕府を開いた徳川家と大坂城にいる豊臣家の決戦が避けられない状況の中、徳川家康から豊臣家や西国大名を牽制する役を託された池田輝政は、足かけ9年の歳月をかけて大城

Point!

1. 〝白すぎ〟とも話題になった美麗なフォルムの大天守と天守群。
2. 見どころは天守だけじゃない。残存度日本1位の城全体に注目。
3. 天守を攻めるつもりで、迷路のような縄張りをめぐってみよう。

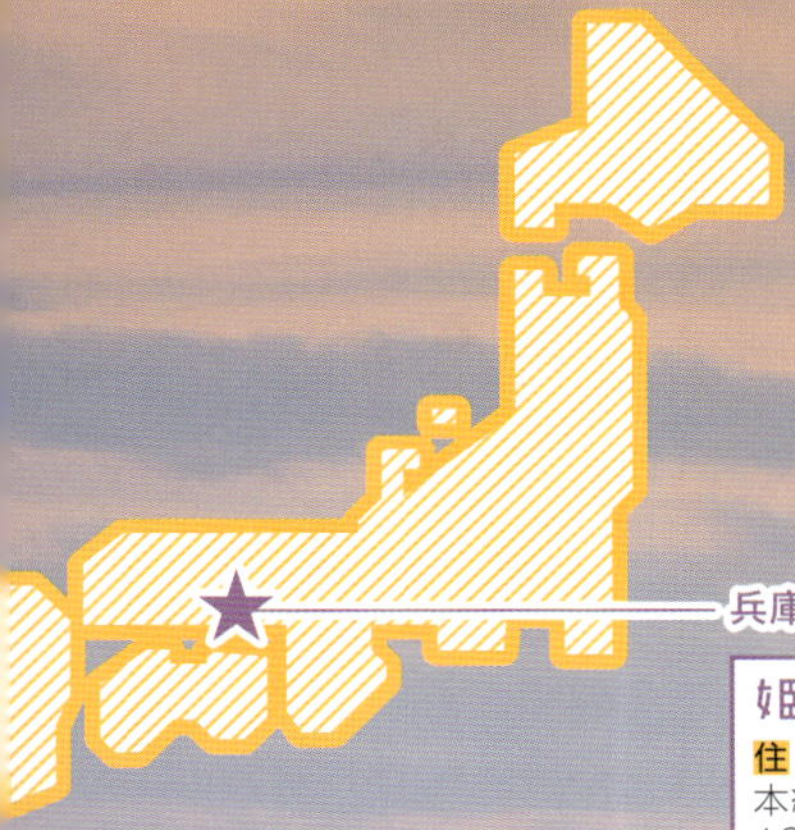

姫路城 data

住 兵庫県姫路市本町68 JR・山陽本線姫路駅より徒歩約20分 9時～16時（閉門は17時）（季節により異なる） ¥ 1000円 休 12月29日、30日

〝美〟と〝闘〟をあわ
白鷺の舞

西の丸から見た天守群 大天守と小天守の調和のとれた光景を鑑賞できる。

郭を造営した。「白鷺城《しらさぎじょう》」と別称されるほどの白亜の建築群は、徳川家の威光を内外に示すための視覚効果だったという。

姫路城には現在、大天守をはじめ8棟の国宝建造物があり、それ以外に74棟が重要文化財に指定されている。建物の残存度は、全国の城の中でもダントツで1位。城の姿がよく残る松山城（愛媛県）でも重要文化財が21棟、熊本城（熊本県）でも13棟（どちらも国宝はない）だから、姫路城の遺構の多さは際立っている。大名の住居兼政庁であった城の姿を最もよく留めているのが、この姫路城なのである。

まるで迷路のような 複雑な縄張りを楽しむ

そんな姫路城の顔といえるのが大天守だ。五重六階地下一階、天守台を含めて約46mを誇り、現存天守では最も高い。外観の美しさも日本一とされ、破風（屋根の各層につく三角形の飾り）によって彩られたその姿は、見る場所によって異なる表情を見せる。

3棟の小天守を従えているのも姫路城天守の特徴。大天守と小天守が「ロ」の字型につながった連立式天守という構造で、各建造物を渡り櫓が結んでいる。この天守群すべてが

大天守から西の丸方向を望む
最上階からは殿様気分で四方の絶景が味わえる。西の丸は徳川家康の孫・千姫にゆかりのある空間で、江戸時代は御殿が建ち並んでいた。

白漆喰塗りの屋根
天守が「白すぎ」になった理由は、瓦のつなぎ目に白漆喰を塗り直したから。カビや風雨にさらされて汚れてしまうため、数年後には白さが失われてしまう。

15 姫路城

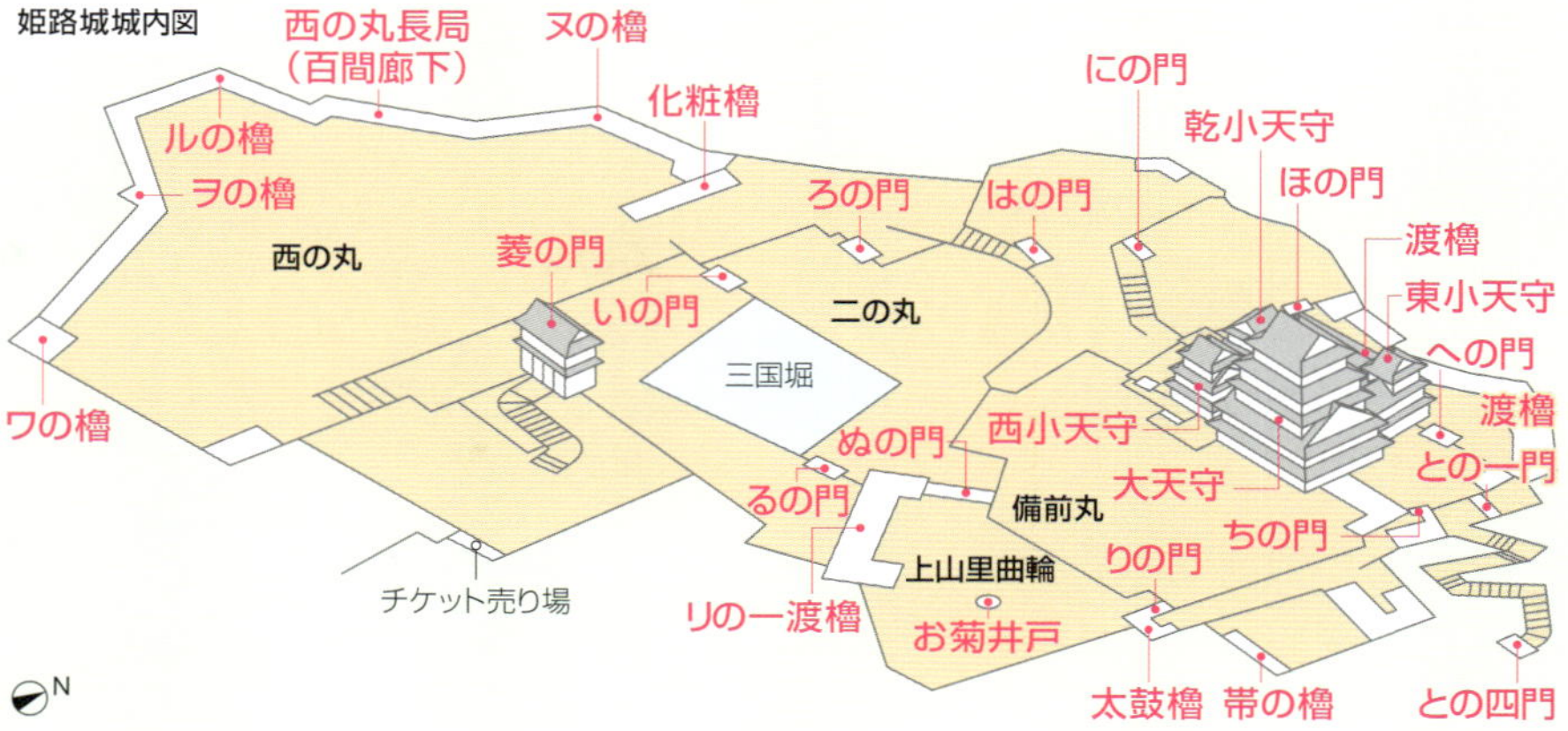

［左］**はの門**　はの門に続く登城道は、道が狭く大軍の侵入を阻んでいる。塀には鉄砲や弓矢を撃つための三角形や四角形の狭間が切られている。

［右下］**菱の門**　城の表門で城内最大の門である菱の門。二階建ての櫓門という形式。黒漆の格子窓には金の意匠が施され、桃山時代の雅さを漂わせる。

［左下］**三国堀**　二の丸にある三国堀。貯水池であり、ここでも籠城のための備えがされている。

国宝だ。

ただし、天守鑑賞のポイントはその美しさだけではない。姫路城はまだ乱世の気風が色濃く残る中で築かれた城であり、天守も戦いを想定した要塞であった。大天守の壁面には鉄砲を放つための狭間《さま》という小窓が並び、本丸まで攻めてきた敵に一斉射撃する構造になっている。建物に入ると、天守に近づく敵を撃退する「石落し」や隠し部屋である「武者隠し」、さらに台所や厠などが、いざ籠城戦になった時のために用意されている。

姫路城が実戦を想定していたことは、城の「縄張り（城全体の構造やつくりのこと）」を見てもよくわかる。菱の門から本丸へ向かう道は大きく2ルートあるが、「はの門」から「にの門」に通じる道はUターンする構造で、天守側から背中を狙われてしまう。また、「ぬの門」を通るルートは備前丸下の曲輪と通路をぐるっと回らなければならず、やはり狙い撃ちにされてしまう。

城全体が、まるで迷路のようなつくりになっているのだ。それを味わいたければ、ガイドやルート案内を見ずに天守を目指してみるといいだろう。大天守はすぐそこにそびえているのに、その入り口にたどり着くのはなかなか困難なはずだ。

姫路城を訪れるなら、その美しさに惑わされてはいけない。美しさの裏にある鉄壁の守りにこそ、城の本質があるのである。

似てる

セカイ遺産

ぐるりと街全体を囲むヨーロッパの城塞都市

世界には城郭・城塞の世界遺産も多い。有名なところではフランスのモン・サン＝ミシェルがある。もとは修道院だったが要塞として増改築が繰り返され、フランス革命の時には監獄として利用された。日本と西洋の城で異なるのは、西洋では城壁が城館や街全体を囲む、城塞都市が築かれたこと。その代表例がフランスのカルカッソンヌで、中世に築かれた城塞都市の内部には現在も多くの住人が暮らす。また、イタリアのカステル・デル・モンテは十字軍の際に築かれた城で、綺麗な八角形の城壁が特徴的だ。

さまざまな時代の建築様式が織り重なっているモン・サン＝ミシェル。

山間のユートピアに残った日本人の知恵の結晶

16 白川郷・五箇山の合掌造り集落

登録年 1995年
登録基準 iv、v

狭隘《きょうあい》な豪雪地帯に残る合掌造り集落。究極の機能美が織りなす日本の原風景は、「結《ゆい》の精神」をもって過酷な環境を生き抜いた人々が創造した、今やふたつとない景観だ。

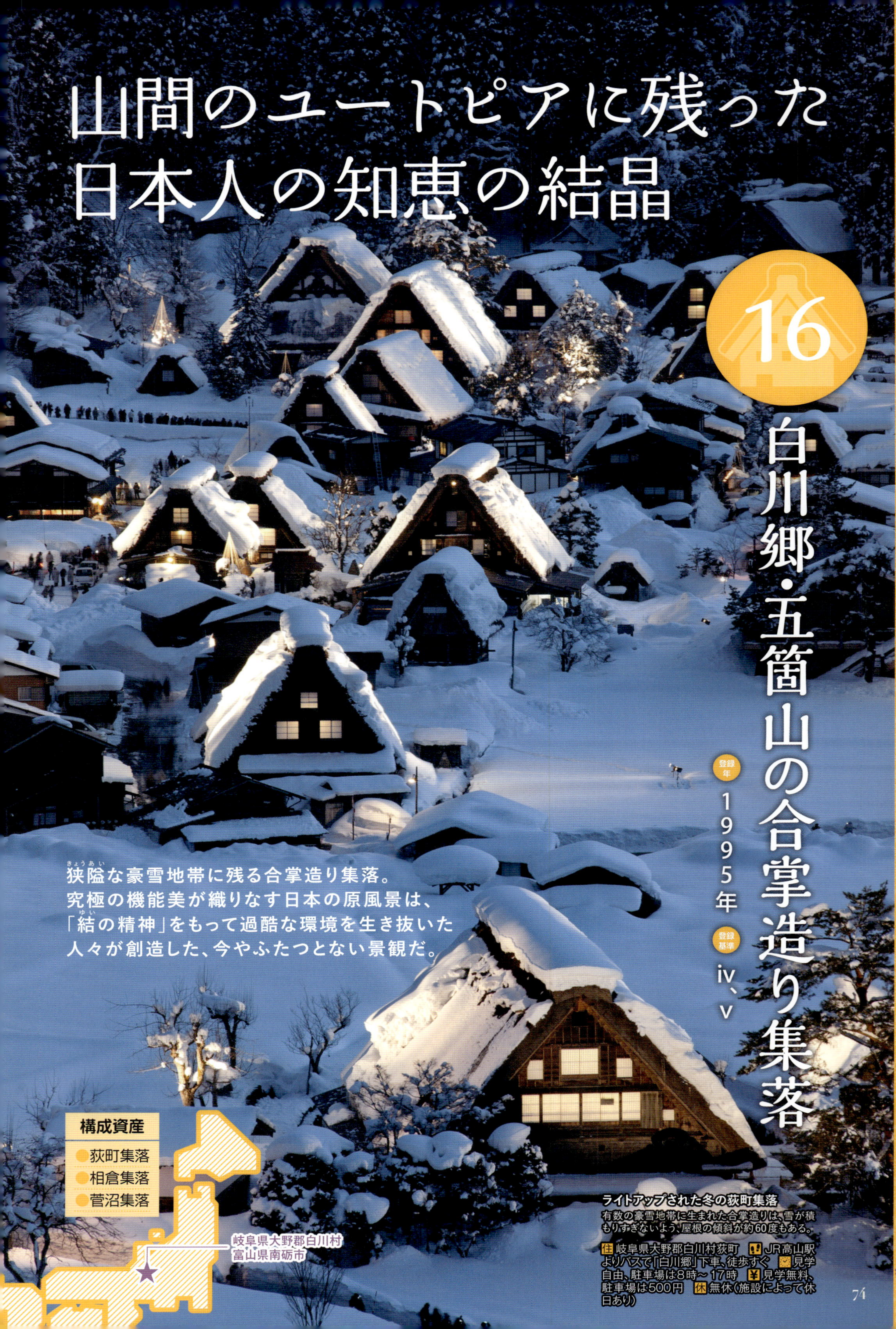

構成資産
- 荻町集落
- 相倉集落
- 菅沼集落

岐阜県大野郡白川村
富山県南砺市

ライトアップされた冬の荻町集落
有数の豪雪地帯に生まれた合掌造りは、雪が積もりすぎないよう、屋根の傾斜が約60度もある。

住 岐阜県大野郡白川村荻町　JR高山駅よりバスで「白川郷」下車、徒歩すぐ　見学自由、駐車場は8時～17時　¥ 見学無料、駐車場は500円　休 無休（施設によって休日あり）

秘境の静寂を味わうなら 現地宿泊がおすすめ

今では高速道路が開通したが、かつて「陸の孤島」といわれた白川郷。山を隔てた五箇山も同様だ。庄川《しょうがわ》上流域の深い谷と豪雪によって隔絶されたこの地域には、古い民謡が残り、平家落人伝説も語られる。住民の互助組織「結《ゆい》」の精神によって受け継がれたその習俗は、過酷な環境を生き抜くための知恵の結晶だ。

合掌造り家屋の急傾斜の茅葺き屋根は雪を落としやすく、雪解け水は茅を伝って落ちるので雨漏りしない。適度なたわみは雪の重みを分散させ、多層に区切られた屋根裏では、養蚕や紙すきが行われた。谷筋に沿った屋根の内部に通る風が乾燥を促し、夏は蒸し暑さからカイコを守った。

そのカイコの糞や草木を土間で寝かせてつくる塩硝も重要な産業で、江戸時代には「加賀藩の火薬庫」といわれたほど。米の年貢が免除され金納の特別待遇を受けており、流刑地になるほどのこの僻地は、実は得難いユートピアだったのだ。

3集落を1日でまわることも可能だが、合掌造り民宿に泊まって、秘境の静寂を体感するのもいい。

白川村荻町には、60棟弱の合掌造り家屋が残る。民家園が隣接し大駐車場があるせせらぎ公園の「であいの館」で情報入手後、であい橋を渡って集落内にお邪魔しよう。

飲食店や土産物店も多いが、荻町で最大級の合掌造りである和田家や明善寺、「どぶろく祭」の拠点である白川八幡宮あたりは見ておきたい。外せないのは、集落全体が俯瞰できる「荻町城跡展望台」。撮影スポットとしても一番人気だ。

一方の五箇山2集落。相倉《あいのくら》は山沿いの台地上、20棟の合掌造り家屋を擁する中集落で、庄川沿いの狭い河岸段丘上にある菅沼は、合掌造り家屋9棟の小集落だ。どちらも秘境の風情を色濃く残し、時代も場所もわからなくなるような錯覚に陥る。

菅沼に隣接する「五箇山青少年旅行村 合掌の里」では、移築された合掌造りが宿泊に利用できる。景観に溶けこむよう配慮された現代建築の「五箇山生活館」は、光や音・CG・模型による展示が行われている。散策前の立ち寄りにもおすすめだ。

Point!

1. 合掌造り集落の中に身を置くと、時が止まったような感覚を味わえる。
2. 合掌造り家屋内部の見学で、日本人の知恵と究極の機能美を目の当たりに。
3. 全体を俯瞰できる高所からも眺め、山間の箱庭的風景に改めて感動しよう。

［上］**五穀豊穣を祝うどぶろく祭**
毎年9月終わりから10月にかけて行われる。村内で醸されたどぶろくが使われ、参拝者にも振る舞われる。（岐阜県白川村役場提供）

［右］**白川郷かん町の合掌造り**
秋の白川郷の様子。稲を刈り終え、これから冬へ備えていく。屋根と外壁が秋の夕日によく映える。

［下］**合掌内部の様子**
囲炉裏があるのは居住空間で、30～40人もの家族団らんの場所。実は煙が屋根裏をいぶし、防虫や防腐の効果がある。（岐阜県白川村役場提供）

今はなき南の王国の栄華と崩壊の歴史をたどる

Point!

1. 首里城の装飾の美しさと、そこにひそむ歴史を感じよう。
2. グスク群で海風に吹かれながら、琉球王国の興亡の歴史をたどる。
3. 沖縄各地に今も生きている、「聖なる空間」で祈りを捧げる。

構成資産

- 今帰仁城跡
- 座喜味城跡
- 中城城跡
- 勝連城跡
- 首里城跡
- 玉陵
- 識名園
- 園比屋武御嶽石門
- 斎場御嶽

沖縄県那覇市ほか

首里城の守礼門
観光客を最初に出迎える、首里城の顔ともいえる門。“上の方にある美しい門”という意味の「上の《いい》綾門《あやじょう》」という別称もある。

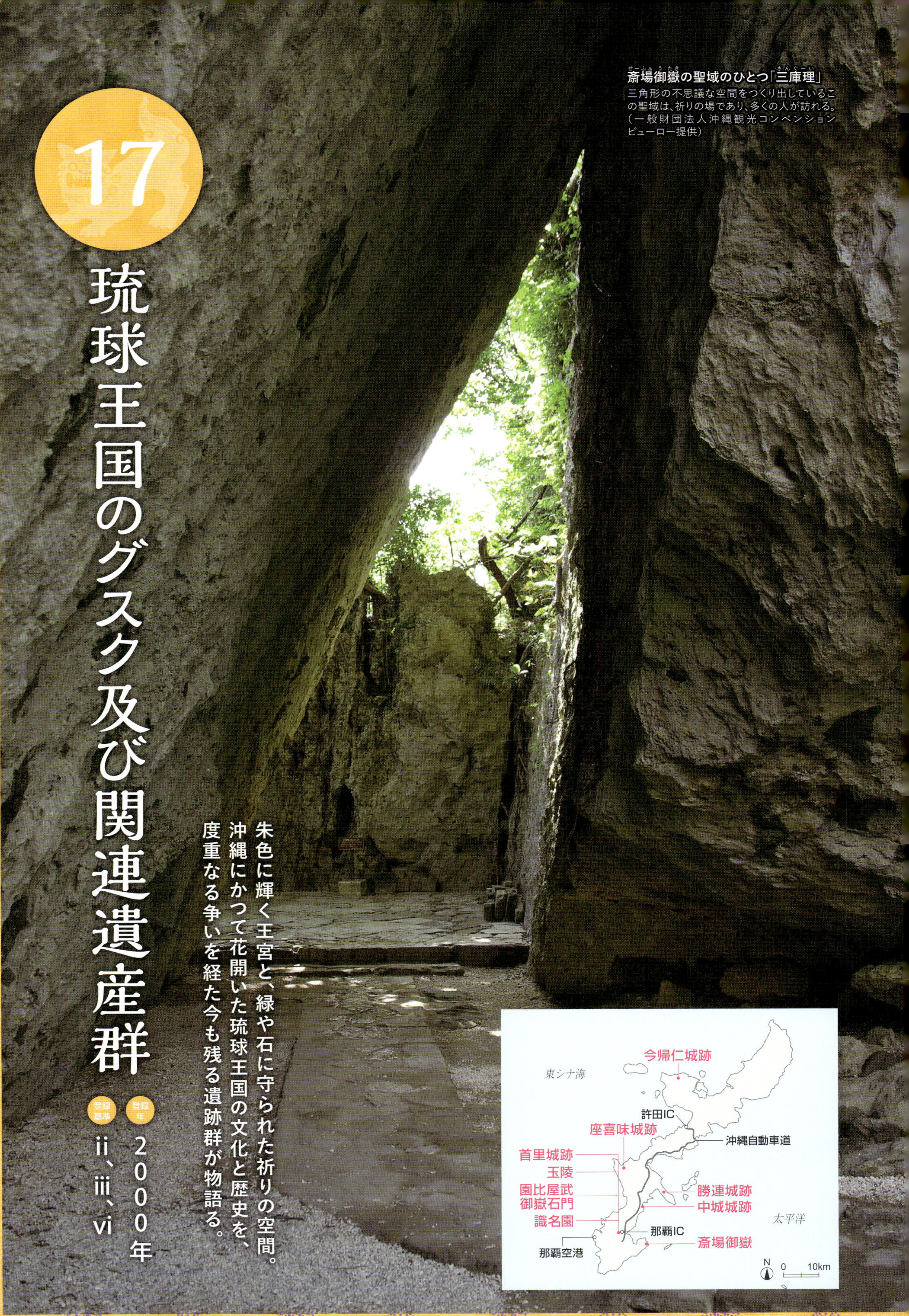

17

琉球王国のグスク及び関連遺産群

登録年 2000年

登録基準 ⅱ、ⅲ、ⅵ

朱色に輝く王宮と、緑や石に守られた祈りの空間。沖縄にかつて花開いた琉球王国の文化と歴史を、度重なる争いを経た今も残る遺跡群が物語る。

斎場御嶽《せーふぁうたき》の聖域のひとつ「三庫理《さんぐーい》」
三角形の不思議な空間をつくり出しているこの聖域は、祈りの場であり、多くの人が訪れる。（一般財団法人沖縄観光コンベンションビューロー提供）

[右]王の墓「玉陵」

首里城西にある、琉球王国の歴代王が葬られている墓。墓室は3つに分かれており、それぞれ洗骨前の遺骸安置、洗骨後の王と王妃の眠る場所、墓前の碑に記された家族が眠る場所となっている。

[左]朱塗りが映える首里城正殿

城の様式や装飾などには、中国や日本建築の影響が見受けられる。

住 沖縄県那覇市首里金城町1-2　ゆいレール首里駅より徒歩約15分　8時30分～19時 ※開門閉門時間は季節により異なる　¥ 820円　休 7月第1水曜日とその翌日 ※対象施設以外は見学可能

南国の風が伝える激動の時と豊かな文化

南の風に吹かれる木々と、青い海を背景に朱色に輝く異国風の城。穏やかな空気は平和そのものだが、この世界遺産が伝えるのは激動の歴史だ。琉球王国で花開いた国際色豊かな文化とともに、度重なる戦乱を生き抜いてきた時代がうかがえる。

薩摩藩による支配や、国王の追放を経て明治政府に併合されるまでの約450年間、沖縄は琉球王国として繁栄してきた。1429年（永享元）に小国家をまとめ琉球を統一したのが尚巴志《しょうはし》という人物だ。その居城ともなった首里城は争乱や火災によって焼失を繰り返し、1945年の沖縄戦によってほとんど崩壊してしまった。

その際破壊を免れた基壇や一部の城壁が、首里城跡として世界遺産に登録されている。現在の首里城にある建造物のほとんどは、1950年代以降に復元されたものだ。

多くの城門を持つ首里城の中でも均整のとれた姿を見せるのが、2000円札の絵柄にもなっている守礼門だ。「守禮之邦」と書かれ、〝琉球は礼節を重んずる国〟であることを表している。

神への礼拝の門である園比屋武御嶽《そのひゃんうたき》石門と、後ろに広がる聖なる森を横目にいくつもの門を経ると、石段の上に首里城の正殿が現れる。

1階は政治や儀式を執り行う場で、2階は王妃や身分の高い女官らが使用し、毎朝の拝礼や重要な儀式が行われた。3階は通風などの役割を果たす屋根裏部屋だ。西向きに建つ正殿は、夕暮れ時には西日を受けてオレンジ色に染まり、はかなく滅亡した王国の栄華をしのばせる。

首里城は政治の場であるとともに、祭礼の場でもあった。宮中には「京《けお》の内《うち》」と呼ばれる場所があり、聖なる祈りの場である「御嶽《うたき》」がいくつもあったという。女官たちによる大奥のような組織もあり、女性も非常に大きな役割を担った。

グスクの見学は自由！沖縄の歴史に触れてみる

少し足を延ばして、琉球王国の歴史をさらにたどってみよう。守礼門から西に数分歩くと、王や王妃らが眠る玉陵《たまうどぅん》がある。当時の宮殿を模してつくられた石造りの陵墓で、沖縄で伝統的に見られる家のような形をした破風墓《はふばか》の原点となるものだ。

首里城跡の南約2kmの地点にあるのは、王家の別邸である識名園《しきなえん》。日本の回遊式庭園をベースとしながら、中国風の石橋などを取り入れたもの

勝連城跡

勝連城の最も高い場所、「一の曲輪」からの眺めは美しい。海や沖縄の山並みが広がり、はるか昔の王宮の姿や景色に思いをはせる。

今帰仁城跡 本土の城とは異なり加工しやすい石灰岩を使用しているため、美しいカーブを描くグスクの石垣。

で、緑の中に琉球王国の多様な文化があふれている。

首里城がある那覇市を離れると、琉球統一以前の戦乱の世のあとをたどることができる。沖縄本島北部の今帰仁城跡《なきじんじょう》は、北山王《ほくざんおう》の拠点となったところだ。1416年（応永23）に尚巴志に滅ぼされたが、小高い丘の上に大蛇のように連なる城壁からその規模の大きさがうかがえる。この今帰仁城を陥落させた武将、護佐《ごさ》丸《まる》が築城したのが、ガラス工房で知られる読谷村《よみたんそん》にある座喜味城《ざきみじょう》だ。さらに南に下れば、その護佐丸が命を落とした場所、中城城《なかぐすくじょう》跡が現れる。その海の向こうに見えるのが、最後まで琉球王国に抵抗した阿麻和利《あまわり》の居城となった、勝連城《かつれんじょう》跡だ。これが現存最古のグスク跡だといわれる。

琉球王国最高の聖地とされる斎場《せーふぁ》御嶽《うたき》は、鬱蒼と茂る亜熱帯樹林と琉球石灰岩の巨岩が支え合う、祈りの空間だ。重要な儀式のたびに神の島（久高島《くだかじま》）から砂が運びこまれ、場を清めていた。ふたつの大岩と地面が三角形をなす三庫理《さんぐーい》は男子禁制の聖地であり、女官たちの頂点となる聞《きこ》得大君《えおおきみ》らが神事を行ってきた場所だ。一見すればなにもない広場のようにも見えるが、祈りの場となる石段や、香炉として使う石など、その一つひとつをゆっくりと眺めているうちに、静けさの中に聖なる気配を感じることができるはずだ。沖縄の各地に今もこうした祈りの空間が残り、その歴史を伝え続けている。

column

祈りの場であり城塞でもあったグスク

世界遺産登録名にも使われている「グスク」は、大小合わせ島内で200にものぼるといわれる。「城」の漢字があてられているため、いわゆる「しろ」と認識されることも多いが、首里城のような城郭だけでなく、小さな丘や生い茂る木々の中にもグスクと呼ばれるものがある。その共通点は、石積みの囲いもしくは石を積んだ拝所があること、そして「御嶽」があること。軍事拠点である以前に、信仰の対象である聖地として、地域の人々の心のよりどころとなっていたようだ。

中城城跡にある雨乞いの御嶽。

4章

モノづくりの原点へ

イギリスの産業革命から遅れること1世紀。

250年近く世界から隔絶されていた極東の島に、西洋の技術と文化が一気になだれこんだ。

しかし日本は50年という短期間で近代化を成し遂げ、
欧米諸国と肩を並べる工業大国となる。

日本には古来、勤勉の精神とモノづくりの土壌があったのである。

18 明治日本の産業革命遺産
製鉄・製鋼、造船、石炭産業

19 富岡製糸場と絹産業遺産群

20 石見銀山遺跡とその文化的景観

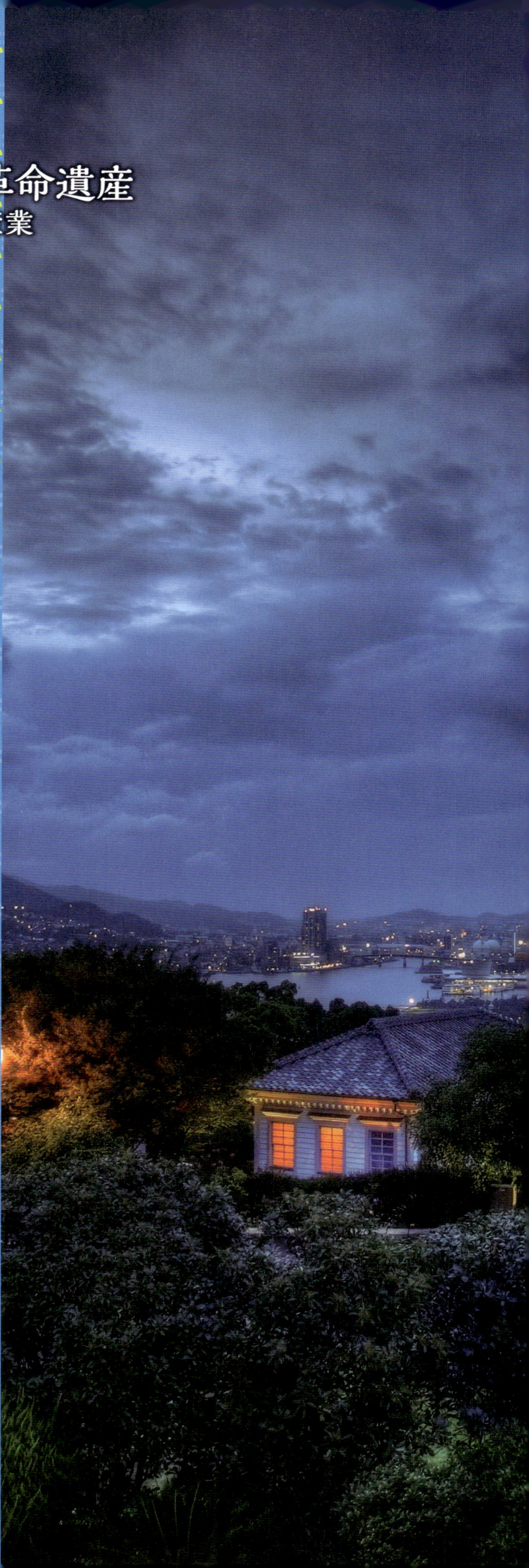

グラバー園から眺める長崎の夜景。

軍艦島 従業員とその家族が移住した端島炭坑は、大正時代に高層アパートが次々と建設された。その姿から「軍艦島」の名で呼ばれる。

18

明治日本の産業革命遺産
製鉄・製鋼、造船、石炭産業

登録年 2015年
登録基準 ii、iv

産業史における日本の大躍進を物語る

幕末〜明治時代、約300年に亘る鎖国を解き、それまでとは真逆の西洋文化を受け入れた日本。ここに取り上げる遺産からは、そんな状況でも独自に進歩した日本の底力がうかがえる。

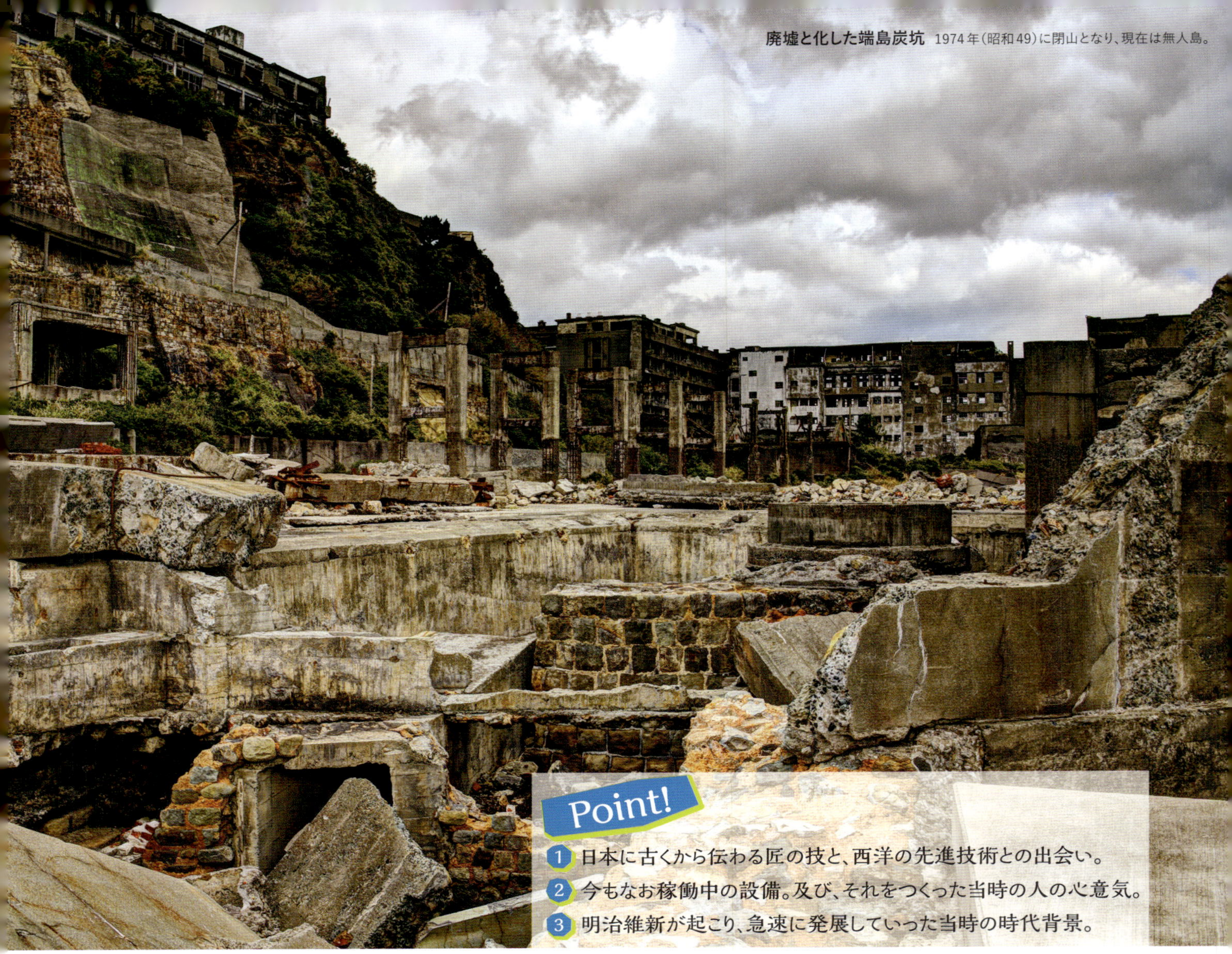
廃墟と化した端島炭坑 1974年(昭和49)に閉山となり、現在は無人島。

Point!

1. 日本に古くから伝わる匠の技と、西洋の先進技術との出会い。
2. 今もなお稼働中の設備。及び、それをつくった当時の人の心意気。
3. 明治維新が起こり、急速に発展していった当時の時代背景。

西洋の産業革命の波が日本古来の技術と結実

「明治日本の産業革命遺産 製鉄・製鋼、造船、石炭産業」と名づけられたこの世界遺産は、日本国内の8県11市に点在する23資産で構成されたシリアルノミネーション（複数の連続性のある資産の推薦）。登録を後押ししたのは、調査を担当するイコモスが出した「西洋から非西洋国家にはじめて産業化の伝播が成功したことを示す」、「わずか50年あまりという短期間で急速な産業化が達成された幕末、明治前期、明治後期の3つの段階を反映している」という勧告だ。幕末から明治にかけて、長きに亘る鎖国を解き、荒波のように押し寄せてくる西洋文化を一気に吸収した日本。わずか半世紀の間に近代化を達成し、瞬く間に躍進したことが大いに評価された。

特徴的なのは、外国との関係性が支配国と植民地ではなく、あくまで明治維新の一環として自ら進んで西洋技術を学んだという点。さらに、教えられたことをコピーするのではなく、自国の伝統技術と組み合わせて独自の発展を遂げたという点が日本ならでは。素材産業としての製鉄・製鋼、エネルギー源としての炭鉱、ひいては総合産業としての造船産業を拡大させ、やがて造船大国へと変貌。これは、世界的に見てもまれな事例といっていい。

現役の構成資産もあり！計画を立ててめぐろう

さて、23の構成資産を見ると、長崎県が8つと一番多いことがわかる。江戸時代、ポルトガルとの南蛮貿易の寄港地であり、たくさんの外国人が暮らした長崎。西洋の様式をいち早く取り入れたり、日本ではじめて蒸気機関車の導入試験を実施したりしたのも長崎だった。日本の産業は、長崎を基点に広がったのだ。

もうひとつ、現役の施設が構成資産である点も特筆すべきだろう。長崎造船所の第三船渠《せんきょ》、通称ドライドックは、１９０５年（明治38）に入り江の地形を利用して建設された。建設時に設置したイギリス製の排水ポンプは、なんと未だ現役。ドックそのものも拡張工事はされてはいるが、当時の面影が残る。敷地内の長崎港にそびえるジャイアント・カンチレバークレーンは、１９０９年（明治42）に日本ではじめて建設された電動クレーン。１５０ｔまで吊り上げることができ、現在も大型製品を出荷する際に稼働している。長崎造船所は基本的に関係者以外立ち入れないが、旧木型場《きゅうきがたば》のみ史料館とし

[右上]**ライトアップされた旧グラバー住宅（長崎）**
「グラバー園」として旧宅や庭園を公開している。レトロ衣装の貸し出しも行っており、そのまま園内を散策できる。眼下には長崎市内や長崎港を見渡せる。

[右下]**旧鹿児島紡績所技師館（鹿児島）**
旧集成館内に鹿児島紡績所がつくられた際、その工場指導者として招かれた外国人技師らが過ごした和洋折衷の宿舎。（「九州・山口の近代化産業遺産群」世界遺産登録推進協議会提供）

[左]**韮山反射炉（韮山）**
幕末のペリー来航を受け、建設された。反射炉とは、不純物を取り除き、より質の高い鉄を生産するための炉。

て一般公開中。日本最古の工作機械「堅削盤《たてけずりばん》」など、造船関連資料が約900点展示されており、より深く理解したい人にはおすすめだ。なお、この建物は1898年（明治31）に鋳物製造の木型を製作する目的で建てられたもの。長崎造船所で現存する最古の建物で、これも構成資産のひとつと覚えておこう。ちなみに、ジャイアント・カンチレバークレーンは旧木型場行きのシャトルバスの中から間近に見ることができ、対岸のグラバー園からは全体を見渡せる。

知る人ぞ知る観光地として以前から人気だったのは、「軍艦島」こと端島《はしま》炭坑。炭鉱の島として開発されたのち、ピーク時には炭鉱夫とその家族5300人余りが生活していた。伊王島から遊覧船に乗る軍艦島上陸ツアーに参加すれば、無人島に高層鉄筋コンクリートがニョキニョキと立ち並ぶシルエットが確認でき迫力大。上陸すると、高層住宅や端島神社の祠、護岸の割れ目から覗くベルトコンベアーなどに出くわし、にぎわっていた頃を想像してタイムスリップ気分も味わえる。

どれも見応えがあり、いくつか立ち寄るなら時間の計算が肝心。事前にしっかり計画を立てよう。

似てる
セカイ遺産

西洋の産業革命にまつわる世界遺産と比較してみよう

イギリスで産業革命が起きた19世紀半ば、実業家のタイタス・ソルトは最新の工場を設立し、労働環境を整えるべくひとつの産業都市「ソルテア」をつくり上げた。公民館や病院、公園などの公共施設を完備し、これこそ労働者のための街づくりを進めた先駆け。イギリス中部のヨークシャー州にあり、ヴィクトリア様式の建物が昔のまま並ぶ町並みは、150年以上前の人々の暮らしをしのばせる。22本の街路を基盤にした都市計画と、優れた建築物は圧巻だ。

リーズ・リヴァプール運河から見た、ソルテアの建物。

明治日本の産業革命遺産

萩 萩の産業化初期の遺産群

大板山たたら製鉄遺跡

木炭を燃やして砂鉄から鉄を精製する伝統的な「たたら製鉄」を行っていた場所。ここでできた鉄は、恵美須ヶ鼻造船所で船の部材として使われた。

住 山口県萩市紫福257-1 JR東萩駅より車で約30分 常時公開 ¥ 無料 休 無休

萩反射炉

佐賀藩の反射炉を手本に、大砲鋳造のため萩藩が独力で建設した。実用にはいたらなかったものの、現存する貴重な反射炉のひとつ。

住 山口県萩市椿東4897-7 JR萩駅よりバス「萩しーまーと」下車、徒歩約5分 常時公開 ¥ 無料 休 無休

松下村塾

長州藩の兵法学者だった吉田松陰が開いた私塾。日本の近代化、産業化を担った人材育成に貢献したため、構成資産として登録された。

住 山口県萩市椿東1537（松陰神社内） JR萩駅よりバスで「松陰神社前」下車、徒歩すぐ 常時公開 ¥ 無料 休 無休

恵美須ヶ鼻造船所跡

洋式船建造のため、木戸孝允（桂小五郎）の提案で建設された造船所跡。自国の技術で2隻の洋式帆船をつくり上げた。当時の防波堤が今も残る。

住 山口県萩市椿東5159-14 JR萩駅よりバス「萩しーまーと」下車、徒歩約15分 常時公開 ¥ 無料 休 無休

その他 萩城下町

韮山 韮山反射炉

韮山反射炉

韮山代官の江川英龍の提案により、幕府直営の反射炉として建造。反射炉は萩、鹿児島にもあったが、実際に大砲を鋳造した反射炉としては唯一残るもの。

住 静岡県伊豆の国市中字鳴滝入268 伊豆箱根鉄道伊豆長岡駅より徒歩約25分 9時～16時30分 ¥ 300円 休 12月31日、1月1日

釜石 橋野鉄鉱山

橋野鉄鉱山

のちに「近代製鉄の父」と称された盛岡藩士・大島高任《たかとう》の指導により建設された、日本最古の洋式高炉跡。採掘場跡と運搬炉跡も残るが、こちらは非公開。

住 岩手県釜石市橋野町第2-15 JR遠野駅より車で約35分 常時公開 ¥ 無料 休 無休（冬期は降雪により見学が困難な場合あり）

佐賀 三重津海軍所跡

三重津海軍所跡

船舶に関する西洋式技術の獲得と実践の拠点として、佐賀藩が建設。日本初の実用蒸気船の建造も行われた。日本最古のドック跡からは、しっかりとした木組みが発見された。

住 佐賀県佐賀市川副町早津江津446-1 JR佐賀駅よりバス「佐野常民記念館入口」下車、徒歩約5分 9時～17時 ¥ 無料 休 月曜日、12月29日～1月3日

鹿児島 旧集成館

旧集成館

薩摩藩主・島津斉彬が建設した日本初の西洋式工場群。造船や製鉄のみならず、ガラスや紡績、活版印刷といった産業にも貢献した。写真の機械工場は博物館になっている。

住 鹿児島県鹿児島市吉野町9698-1 JR鹿児島中央駅よりバス「仙巌園前」下車、徒歩すぐ 8時30分～17時30分（季節により異なる） ¥ 1000円 休 無休

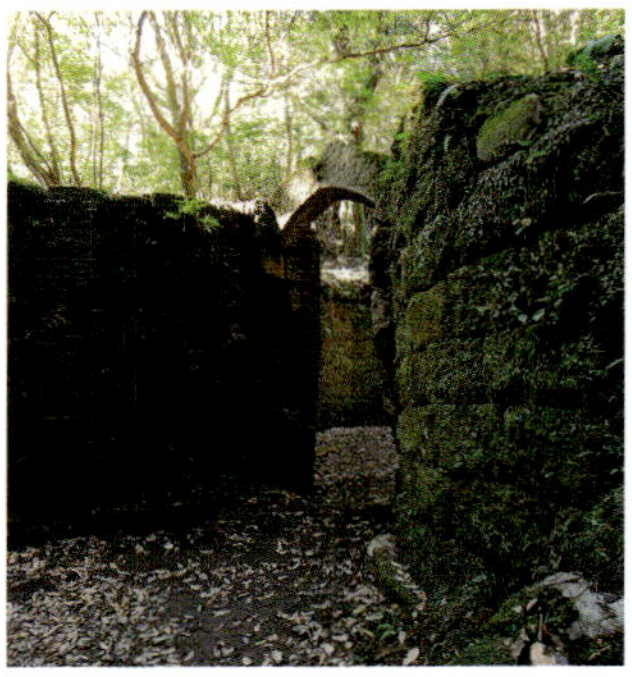

寺山炭窯跡

集成館事業の反射炉、蒸気機関などの燃料となる木炭を製造。ここでつくられた「白炭」は火力が強く、重宝された。

住 鹿児島県鹿児島市吉野町10710-68 JR鹿児島中央駅よりバス「少年自然の家入口」下車、徒歩約20分 常時公開 ¥ 無料 休 無休

関吉の疏水溝

集成館事業の動力源として活用された水を引いた水路跡。現在は途中で途切れているものの、一部は灌漑用水として利用されている。

住 鹿児島県鹿児島市下田町1263 JR鹿児島中央駅よりバス「下田」下車、徒歩約12分 常時公開 ¥ 無料 休 無休

松下村塾、韮山反射炉、旧グラバー住宅以外のクレジット記載ないものは、「九州・山口の近代化産業遺産群」世界遺産登録推進協議会提供

長崎 高島炭坑

端島炭坑
1890年（明治23）に三菱所有となってから本格的な採炭がはじまり、主に八幡製鐵所へ供給するための石炭を産出。設備や住宅がそのまま残されているため、映画のロケ地にも使用される。現在はツアーでのみ上陸可能。

住 長崎県長崎市高島町端島 軍艦島上陸ツアーでの上陸のみ ¥ 300円（ツアー代は別途3100円～）

高島炭坑
明治維新後、蒸気船の燃料として需要の高まった石炭を産出するため、商人トーマス・グラバーと佐賀藩が開発した炭坑。1日に300tを出炭した記録も残る。

住 長崎県長崎市高島町99-1 高島港ターミナルよりバス「本町」下車、徒歩すぐ 常時公開 ¥ 無料 休 無休

長崎 旧グラバー住宅

旧グラバー住宅
小菅修船場や高島炭坑などの建設や事業化に尽力したイギリス商人、トーマス・グラバーの旧宅。英国コロニアル様式のベランダ、屋根は日本瓦など、異国情緒あふれながら和の趣きも取り入れている。
(YMZK-Photo / Shutterstock.com)

住 長崎県長崎市南山手町8-1 長崎電気軌道で「大浦天主堂下」もしくは「石橋」下車、徒歩約8分 8時～18時（4月末～5月上旬・7月中旬～10月上旬は～21時30分、12月下旬は～21時） ¥ 610円 休 無休

長崎 長崎造船所

三菱重工業（株）長崎造船所

三菱長崎造船所 ジャイアント・カンチレバークレーン
1909年（明治42）に、同型として日本ではじめて建設された英国製の電動クレーン。現役で稼働しており、大型船舶用プロペラの出荷などに使用されている。なお、造船所内を見学する際は予約が必要。

三菱重工業（株）長崎造船所

三菱長崎造船所 旧木型場
鋳型製造の際に必要な木型を製作した工場で、長崎造船所内では現存最古の建造物。2階建てレンガ造りで、現在は長崎造船所史料館として公開している（こちらも要予約）。

住 長崎県長崎市飽の浦町1-1 JR長崎駅よりシャトルバスが運行 9時～16時30分 ¥ 800円 休 毎月第2土曜日、年末年始、電気設備点検日（不定期）

三菱重工業（株）長崎造船所

小菅修船場跡
1869年（明治2）につくられた船舶修理施設で、蒸気機関を動力とした日本ではじめてのドック。曳き揚げ小屋内にある装置で、船を地上へ引き上げて修理した。

住 長崎県長崎市小菅町5 JR長崎駅よりバス「小菅町」下車、徒歩約5分 常時公開 ¥ 無料 休 無休

その他 三菱長崎造船所 第三船渠、三菱長崎造船所 占勝閣

八幡 官営八幡製鐵所

新日鐵住金（株）八幡製鐵所

官営八幡製鐵所
1901年（明治34）に操業を開始した、日本初の近代製鉄所。ドームを持つ赤レンガづくりの旧本事務所（写真）や、現役の修繕工場などがある（すべて非公開）。

住 福岡県北九州市八幡東区尾倉ほか

新日鐵住金（株）八幡製鐵所

遠賀川水源地ポンプ室
八幡製鐵所の第一期拡張工事にともない工業用水を確保するためにつくられた施設。現在も八幡製鐵所で使用する工業用水の約3割を送りこんでいる（非公開）。

住 福岡県中間市土手ノ内1-3-1

三池 三池炭鉱と三池港

三池炭鉱と三池港
高島炭坑に次いで西洋技術を取り入れた炭鉱。「万田坑」（写真）をはじめとした坑口や、石炭を運ぶ「専用鉄道敷跡」などが良好に残る。

住 熊本県荒尾市原万田200-2（万田坑ステーション） JR荒尾駅よりバス「万田坑前」下車、徒歩約5分 9時30分～17時（有料区域への入場は16時30分まで） ¥ 万田坑410円、万田坑ステーションは無料 休 月曜日（祝日の場合は翌日）、年末年始

三池 三角西港

三角西港
三池港が開港するまで、三池炭鉱の石炭を積み出していた。丸みを帯びた輪郭の埠頭や浮き桟橋、排水路など、明治時代の港の様相を完全に残す貴重な遺構。

住 熊本県宇城市三角町三角浦 JR三角駅よりバス「三角西港前」下車、徒歩すぐ 常時公開 ¥ 無料 休 無休

19 赤レンガは近代化を支えた証

富岡製糸場と絹産業遺産群

登録年 2014年　登録基準 ii、iv

140年前の近代製糸工場が、良好な状態で残る富岡製糸場。ここで生産された高品質の生糸は、明治という新しい時代を、近代化へと導いた。

赤レンガが雄弁に語る生糸産業の重要性

明治維新後、欧州諸国と肩を並べるために、産業や科学技術の近代化に取り組んだ日本。その資金源となったのが生糸だったが、急激な輸出の増加に供給が追いつかず、諸外国から品質と生産性の向上を求められる。そこで、政府主導で洋式の技術と器械を備えた工場の建設が進められた。これが富岡製糸場だ。

1987年まで約1世紀もの間、日本の製糸業を牽引し続けたことと、建設当時、世界最大規模を誇った近代製糸工場の姿をほぼ完全に保っている点が評価され、2014年に世界遺産となった。

富岡製糸場を訪れるとまず目に飛びこむのが、赤レンガに日本瓦を乗せ和と洋を融合させた、長さ約104mの東置繭所《ひがしおきまゆじょ》だ。「フランス積み」という、レンガの長辺と短辺を交互に配置した積み方にも注目。

構成資産

- 富岡製糸場
- 田島弥平旧宅
- 高山社跡
- 荒船風穴

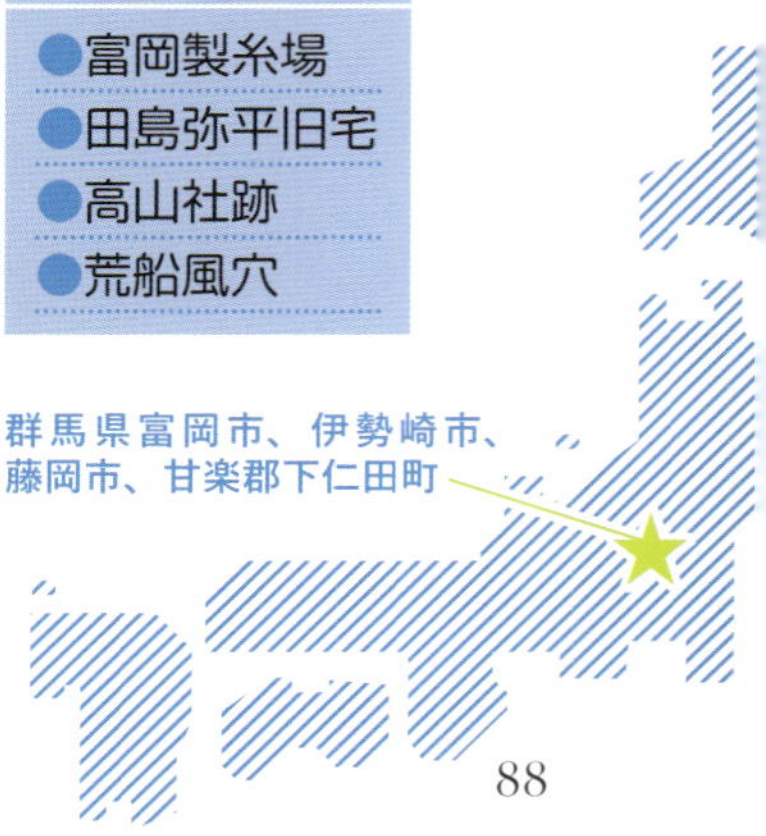

富岡製糸場の東置繭所

レンガは日本の瓦職人が焼き上げたもの。アーチの中央には竣工年の「明治五年」と刻まれたキーストーンがある

住 群馬県富岡市富岡1-1 交 上信電鉄上州富岡駅より徒歩約15分 時 9時～17時（入場は16時30分まで） ¥ 1000円（ガイドは200円） 休 年末（12月29日～31日）

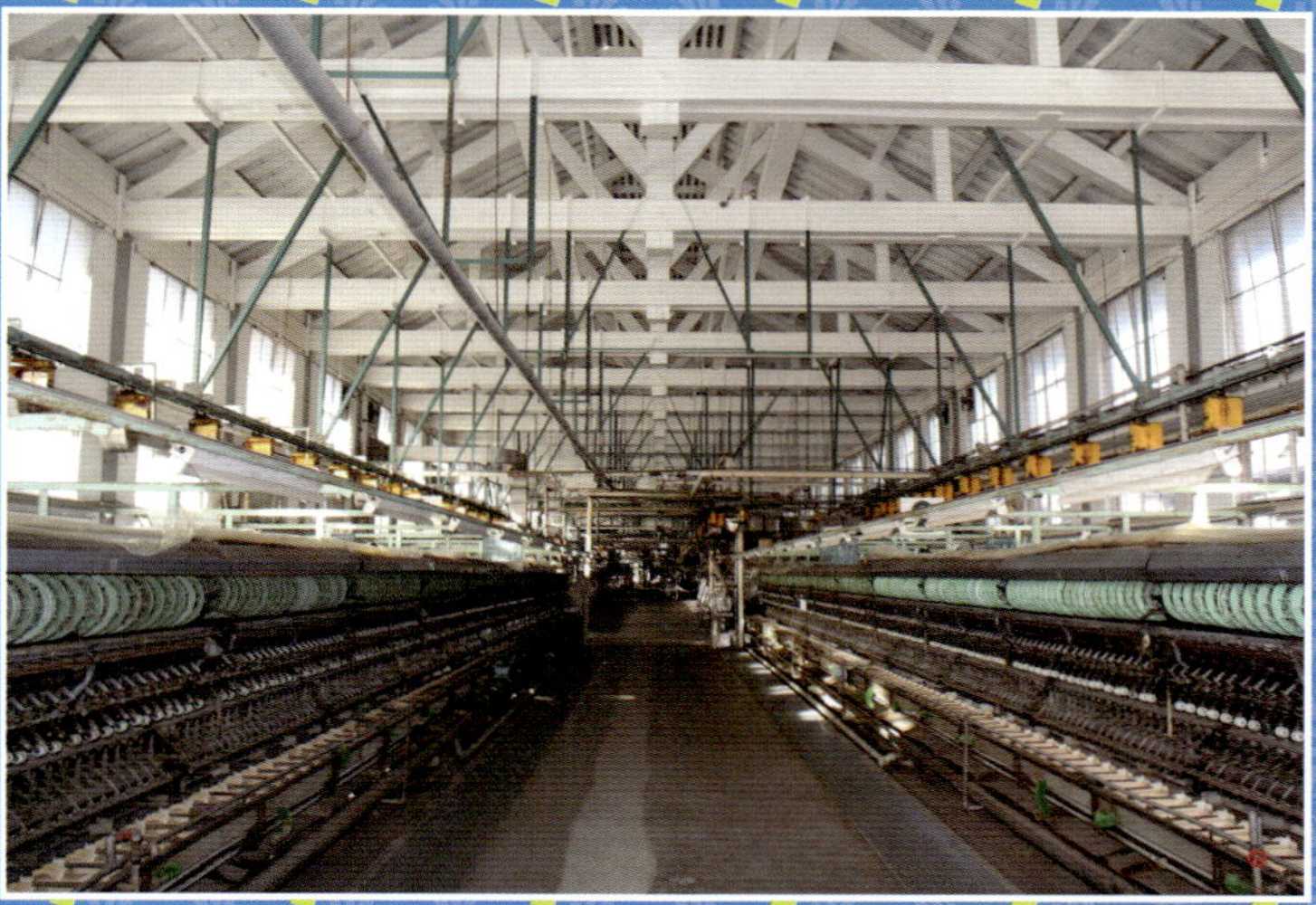

[右上]フランス積みのレンガ

この積み方は、景観が美しくなる反面、ほかの積み方に比べると強度が弱いといわれている。（富岡市提供）

[右中]座繰り体験

右で繭を煮出しながら、左に糸を巻き取っていく。毎週木・金曜日には復元のフランス式繰糸機の実演も行われる。

[右下]高山社跡の蚕室

「養蚕改良高山社」の創始者・高山長五郎が、のちに近代日本で標準的な養蚕法となる「清温育」を教えていた。日本全国のみならず、中国や朝鮮半島からも生徒が集まった。（「ググっとぐんま写真館」より転載）

[左上]繰糸所にずらりと並ぶ自動繰糸機

現在ある繰糸機は、昭和40年代以降に設置されたもの。内部では自動繰糸機が動く様子を映像で紹介している。（富岡市提供）

[左下]天然の貯蔵庫・荒船風穴

甘楽郡下仁田町にある荒船風穴は、夏でも2～3℃の涼しい風が吹き出す。これを利用して蚕の卵を保存、ふ化のタイミングをずらすことで、養蚕の回数を増やした。（群馬県提供）

Point!

1. 世界でもまれな、創業当時のまま保存されている近代的製糸工場。
2. 赤レンガに日本瓦を乗せた、和洋折衷の建造物群。
3. 住居を兼ねた養蚕用の家屋が残る高山社跡は明治の趣を残す。

その名のとおり繭を保管していたところで、2階は当時のまま残る貯蔵庫を期間限定で見学できる。1階は富岡製糸場の歴史をさらえる展示室や売店のほか、土・日・祝日には釜で煮た繭から糸を紡ぎだす座繰《ざく》り体験ができるので、ぜひ挑戦したい。

東置繭所には反対側へと抜けるアーチが設けられており、ここをくぐると、正面に2019年まで保存工事中の西置繭所が現れる。修復の様子を間近で見られるチャンスだ（入場料と別途料金が必要）。

東西の置繭所をコの字型につなげているのが、糸を取り出す作業場だった繰糸所《そうしじょ》だ。操業停止時まで使用されていた、ニッサン製自動繰糸機が、通路の両脇にずらりと並んでいる様子は圧巻。室内が驚くほど明るく広々としているのは、数本の材木を三角形に組んで屋根を支える「トラス構造」により、柱をなくしているためだ。

生糸を生み出すには、繭を供給する養蚕農家も欠かせない。伊勢崎市にある田島弥平旧宅は、1階が住居、2階が蚕室の典型的な養蚕農家がそのまま残る（個人宅のため見学は庭まで）。養蚕法を教える実習地だった高山社跡、蚕の卵を貯蔵していた荒船風穴《あらふねふうけつ》も、絹産業を伝える大事な遺産として構成資産に登録されている。

20

石見銀山遺跡とその文化的景観

登録年 2007年
登録基準 ii、iii、v

16世紀初頭、日本は海外から銀を輸入していた。しかし、数十年後の大航海時代には、西欧諸国は銀を求めて日本を目指す。一体どんなきっかけで役割が逆転したのだろうか。

[上]龍源寺間歩《まぶ》の入り口
鉱石の堀り口のことを「間歩」という。現在、常に一般公開されている唯一の間歩で、ノミの跡や排水用の竪坑も残されている。(大田市教育委員会提供)
住 島根県大田市大森町　JR大田市駅よりバス「大森」下車、徒歩約40分　9時～17時(12～2月は～16時)
¥ 410円　休 年末年始

[右中]龍源寺間歩の内部
ここで採掘された鉱石は、一度鉛に溶かしてから銀を取り出す「灰吹法」を用いて、より質の高い銀を生み出した。

[左中]清水谷精練所跡
明治時代につくられた近代的な精錬所跡。8段の石垣で形成され、高さは約33mもある。今は草木に覆われ、神秘的な雰囲気が漂っている。

[下]つながるように建つ住宅
銀山開発の前線だった大森町。軒と軒が重なるほど、家がところ狭しと連なっているのが特徴的だ。

世界有数と謳われたかつての銀鉱山

銀鉱山を中心とした街づくりを体感しよう

日本海に面した中国山地の一山、石見銀山。島根県・大江高山の火山活動が原因で生まれた鉱床で、豊臣秀吉が朝鮮出兵の費用を賄うため「石州銀《せきしゅうぎん》」を鋳造したり、徳川家康が貨幣の統一を目論んで直轄地にしたりと、かなり重視されていた。14世紀初頭、最初に発見したのは周防（現在の山口県東南部）の守護大名・大内氏。1526年（大永6）に貿易商人の神屋寿禎《かみやじゅてい》が開発に着手してから、休山を迎える1923年（大正12）まで、日本における銀の生産を支えた。

石見銀山の鉱石は銀の含有量が多く、品質がよかった。評判は海外にまで及び、東アジアやヨーロッパにも輸出。何を隠そう、17世紀頃には当時世界の銀の3分の1を産出していたのが日本で、その大部分を石見銀山が担っていた。最盛期には産出量が年間約40tという時期もあったという。

鉱山の周囲には豊かな山林が残る。これは、自然を破壊しないよう樹木や精錬用の水など森林資源を管理し、環境に配慮しながら採掘していた成果で、この点が世界遺産登録の理由にもなった。また、人々は周辺に集落をつくり、暮らしに関わる施設や街道も整備。世界遺産の登録範囲は銀鉱山跡だけでなく、それらの鉱山町、港と港町、街道も含む。

幕府の直轄領だったことから銀山奉行が置かれた大森の町並みは、今では重要伝統的建造物群保存地区に指定されている。通常の城下町が区画を分け、武家屋敷や町屋、寺社などの住み分けをしていたのに対し、それらが入り混じって存在しているのが興味深い。大森代官所跡のほど近くに位置する熊谷家住宅は、銀山経営のほか、酒造業も営んでいた商家。現在の建物は1800年（寛政12）に起きた大火の翌年に建て直されたもので、増築を重ねつつ1868年（明治元）頃に今とほぼ同じ形に。かつての暮らしを今に伝える。

散策の際は、石見銀山資料館として公開中の大森代官所跡を最初に訪れ、歴史的背景を予習しよう。そうすれば、街歩きがより楽しくなるはず。200年以上も前の面影が残る街をじっくりと歩きたい。

構成資産

[銀鉱山跡と鉱山町]

- 銀山柵内
- 代官所跡
- 矢滝城跡
- 矢筈城跡
- 石見城跡
- 大森銀山地区
- 宮ノ前地区
- 熊谷家住宅
- 羅漢寺五百羅漢

[街道]

- 鞆ケ浦道
- 温泉津沖泊道

[港と港町]

- 鞆ケ浦
- 沖泊
- 温泉津地区

Point!

1. 秀吉、家康ら時の権力者が石見銀山を欲しがった歴史的背景。
2. 石見銀山の周囲に残された自然あふれる山林。
3. 銀の産地として栄えた頃の様子を伝える古きよき日本の町並み。

大森町の歴史ある景観 建て替えられてから200年を経過しているが、石見地方の石州瓦《せきしゅうがわら》を使用した、赤褐色の屋根の町並みは今でもその面影を残している。

国内の世界遺産暫定リスト

2016年6月現在、暫定リストには10の遺産が記載されている。
このうち、世界遺産登録勧告を受けた国立西洋美術館（P8参照）と、
登録範囲の拡張を目指す平泉を除いた、8つの世界遺産候補を紹介しよう。

福岡県

『神宿る島』宗像・沖ノ島と関連遺産群

リスト記載
2009年

古代祭祀の遺跡が残る玄界灘の聖なる島

九州と朝鮮半島の間、玄界灘に浮かぶ沖ノ島は、4～10世紀に亘り、航海安全を祈願した祭祀が行われ続けた。現在も島が信仰対象であるため、女人禁制など厳しい入島制限が設けられている反面、古代祭祀跡の貴重な遺跡が良好に残っている。これらの遺跡から出土した鏡、勾玉、金の指輪など約8万点の品々は、すべてが国宝に指定されており、沖ノ島は「海の正倉院《しょうそういん》」の別名を持つ。

沖ノ島での信仰が大島、そして九州本土へと広がり、沖津宮《おきつぐう》、中《なか》津宮《つぐう》、辺津宮《へつぐう》の3社からなる宗像大社が成立した。なお、大島に沖津宮遙拝所があり、沖ノ島に入島できない人はここから島影を望むことができる。

〝聖なる島〟を起源とする、固有信仰の展開と過程を物語る遺産として、２０１７年の世界遺産委員会への推薦が決定している。

沖ノ島
上陸時には海中での禊《みそぎ》が必要、一木一草一石たりとも持ち出し禁止などの掟が厳重に守られている。沖ノ島では、神職が交代で10日間、たった1人で奉仕している。

[上]辺津宮
宗像大社は、海上安全を司る宗像三女神を祀る神社の総本社。
[下]中津宮
九州本土から沖合11kmの大島に建つ。

長崎県

長崎の教会群とキリスト教関連遺産

リスト記載
2007年

奇跡の復活を遂げた日本のキリスト教文化

日本の玄関口であった長崎は、1549年（天正18）に伝来したキリスト教の重要な布教拠点となっていた。しかし、江戸幕府より禁教令が発令され、キリスト教の信仰は禁止されてしまう。キリシタンたちは島原・天草の乱などで抵抗するも激しく弾圧される。それでも信仰を捨てなかった人々は以後、「隠れキリシタン」として、幕府滅亡までの250年間、密かに教えを守り伝えてきた。

構成資産は、日本最古の教会であるゴシック様式の大浦天主堂や、島原・天草の乱の舞台となった原城跡など。

伝来・繁栄から、弾圧、長期間の潜伏を経て復活を遂げた日本のキリスト教史を示しているとして、2016年にユネスコ世界遺産センターへ推薦されるも、見直しが必要との勧告を受けたため、2018年以降の再推薦を目指す。

大浦天主堂
日本で最初に殉教した「日本二十六聖人」のために建てられた。

北海道
青森県
岩手県
秋田県

北海道・北東北を中心とした縄文遺跡群

リスト記載
2009年

縄文時代の生活と文化をひもとく鍵

北海道、青森、岩手、秋田の1道3県にまたがる、1万年という長期に亘って営まれた縄文時代の遺跡群。

温暖湿潤な気候に加え、落葉広葉樹林が広がっていた当時の東日本では、日本列島全域に及んだ縄文文化の中でも特に安定した食料の供給を得られた。そのため、農耕や牧畜をすることなく定住、集団社会が形成されたという。

国内最大級の縄文集落遺跡である三内丸山遺跡（青森県）のほか、大型竪穴式住居の大規模集落だった大船遺跡（北海道）、遮光器《しゃこうき》土偶が出土したことで知られる亀ヶ岡石器時代遺跡（青森県）などが構成資産となっている。

遺跡からは、貝塚、墓、道路、貯蔵穴、祭祀空間といった遺跡が発見されており、成熟した文化が形成されていた痕跡がうかがえる。

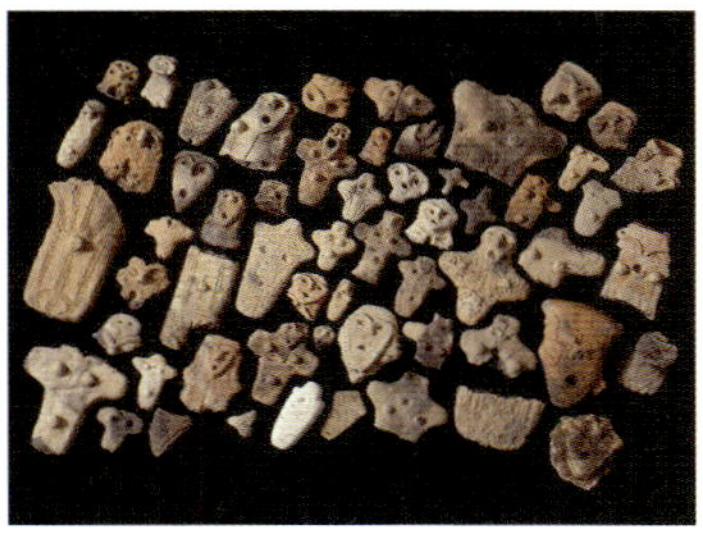

[上]三内丸山遺跡
復元された高さ約15mにもなる大型掘立柱建物（左下）や大型竪穴住居跡（右）などがある。（青森県教育庁文化財保護課提供）

[下]出土した土偶
三内丸山遺跡内で見つかっている、平らで十字型をした「板状土偶」。（青森県教育庁文化財保護課提供）

神奈川県

古都鎌倉の寺院・神社ほか

リスト記載
1992年

初の武家政権が置かれた武士による町づくり

南は海に、三方は山に囲まれた天然の要害・鎌倉は、日本初の武家政権である鎌倉幕府が誕生した地。同じく武士による政権が樹立した江戸が、開発により東京として近代都市へ変貌を遂げたのに対し、今も武家文化のおもかげを残す遺産がまとまって残っている。

代表的な名所としては、鎌倉幕府の初代将軍・源頼朝によって建立された鶴岡八幡宮、青空の下に鎮座する日本で2番目に大きい仏像の鎌倉大仏、山や丘を切り崩して道にした切通《きりどおし》（鎌倉七口）などがある。

「武家の古都・鎌倉」として2013年にユネスコ世界遺産センターに推薦書を提出するも、ICOMOSより「不記載」の勧告を受けたため、現在は構成資産やコンセプトから見直している最中である。

[上]流鏑馬神事
毎年、鶴岡八幡宮の境内で行われる、武家文化の伝統を継ぐ。

[下]鶴岡八幡宮
写真は舞殿、奥には鎌倉幕府の3代将軍・源実朝が暗殺された大石段がある。

滋賀県

彦根城

リスト記載
1992年

姫路城に続く登録を目指す現存天守のひとつ

マスコットキャラクターの「ひこにゃん」で一躍有名になった、琵琶湖に面した丘の上に建つ城。徳川四天王のひとりである井伊直政の息子・直継によって、20年をかけて築かれた。その際、関ヶ原の戦いで敗れた石田三成の佐和山城などを解体した資材を用いて築かれたという。

国内に12しか存在しない現存天守が最大の見どころ。櫓や門、石垣といった城郭建築のほか、庭園などが現存する。

同じ城郭で、すでに世界遺産に登録されている姫路城との差別化が今後の課題となっている。

彦根城の天守
「破風」と呼ばれる三角形の飾りの意匠が見事。堂々としたたたずまいをみせる。

奈良県

飛鳥・藤原の宮都とその関連資産群

リスト記載
2007年

日本国の黎明期をありありと伝えるかつての都

592年（崇峻5）の推古天皇即位から710年（和銅3）の平城京遷都まで、政治の中心都市であった飛鳥。日本初の本格的な都である藤原京や、蘇我馬子の墓とされている石舞台古墳、鮮やかな色彩で描かれた女性の壁画がある高松塚古墳などが、構成資産の候補に挙げられている。

これらの遺跡は、天皇を中心とした「日本」という国家の成立期における政治や社会、宗教のあり方をよく伝えている。また、『万葉集』『古今和歌集』に多数歌われた大和三山をはじめとした風土・景観は後世に大きな影響を及ぼし、現在までその眺望を残している。

石舞台古墳
盛土が残っておらず、石室がむき出しになっている珍しい古墳。

新潟県

金を中心とする佐渡鉱山の遺産群

リスト記載
2010年

平成の時代まで稼働していた日本最大の金山・銀山

新潟県の佐渡島は、古くから砂金が採れる「金の島」であることが知られていた。島内で確認されている金山・銀山だけでも40を超える。16世紀半ば頃から、江戸幕府直轄地として開発がはじまり、世界有数の産出量を誇る日本最大の金銀山に成長した。

その後、採掘は平成になるまで400年以上も続けられた。また、鉱石の採掘から精錬、貨幣の鋳造までを一手に担っていたのも大きな特徴だ。鉱山集落の景観や、明治時代に発展した採掘技術の変遷をかいま見られる産業遺産として、暫定リストに記載された。

相川金銀山の北沢浮遊選鉱場
ひと月に7万tもの鉱石を選鉱（鉱物を有用なものと不用なものに選別すること）し、「東洋一の浮遊選鉱場」といわれた。（佐渡市提供）

大阪府

百舌鳥《もず》・古市《ふるいち》古墳群

リスト記載
2010年

形も大きさもさまざまな巨大墳墓は古代のタイムカプセル

長さ200mを超える巨大古墳は全国に40基近くあるが、そのうちの11基が、大阪府の堺市、羽曳野市《はびきのし》、藤井寺市に集中している。目玉はなんといっても、世界最大の墓である仁徳天皇陵（大仙古墳）や、次点で巨大な応神天皇陵だ。

古墳から大量に出土している副葬品は、当時の文化や技術レベルはもちろん、外国と活発な交流があったことを示す。また、古墳の大きさや形から埋葬者の社会的地位を読み解くことができ、当時の実態を具体的に伝えていること、世界でも突出した巨大な墳墓が築造されたことが評価を得ている。

仁徳天皇陵
長さ約486mにもなる墓で、エジプトのクフ王のピラミッド、中国の秦の始皇帝陵と並び、世界3大墳墓のひとつ。

参考文献

- 『はじめて学ぶ 世界遺産100 世界遺産検定3級公式テキスト』監修・NPO法人世界遺産アカデミー（マイナビ）
- 『きほんを知る世界遺産44 世界遺産検定4級公式テキスト』監修・NPO法人世界遺産アカデミー（マイナビ）
- 『すべてがわかる 世界遺産大事典＜上＞＜下＞世界遺産検定公式テキスト』監修・NPO法人世界遺産アカデミー（マイナビ）
- 『世界遺産に行こう』（学研パブリッシング）
- 『世界遺産年報2016』（講談社）
- 『日本の世界遺産めぐり』（昭文社）
- 『ニッポンの世界自然遺産ガイド』（枻出版社）
- 『いますぐ行きたい！日本の世界遺産』山本厚子（エクスナレッジ）
- 『一度はこの目で見てみたい！日本の世界遺産』三好和義（PHP研究所）
- 『日本の世界遺産』（JTBパブリッシング）
- 『るるぶ 京都 世界遺産へ行こう』（JTBパブリッシング）
- 『世界遺産 京都・奈良の27寺社』（JTBパブリッシング）
- 『日本の世界遺産を旅する』（JTBパブリッシング）
- 『Pen 創刊400号記念 完全保存版 ニッポンの世界遺産。』（CCCメディアハウス）
- 『炎立つ国・奥州 安倍・清原・藤原氏の軌跡』高橋克彦（川嶋印刷）

編集・制作 かみゆ歴史編集部（二川智南美、滝沢弘康）
歴史関連の書籍や雑誌・デジタル媒体の編集・制作を行う。ジャンルは日本史全般、世界史、美術史、宗教・神話、観光ガイドなど。主な編集制作物に『日本の神様と神社の謎99』『ゼロからわかる北欧神話』（ともにイースト・プレス）、『昔ながらの暦に学ぶ日本のしきたり』（宝島社）、『別冊歴史REAL「山城歩き」徹底ガイド』（洋泉社）、『新版大江戸今昔マップ』（KADOKAWA）などがある。

執筆協力 信藤舞子、冨松智陽、野中直美、増山かおり、山本ミカ

装幀・デザイン・DTP 中道智子

写真協力 アフロ、shutterstock、PIXTA、フォトライブラリー、青森県教育庁文化財保護課、一般財団法人沖縄観光コンベンションビューロー、大田市教育委員会、小笠原村観光局、環境省、岐阜県白川村役場、「九州・山口の近代化産業遺産群」世界遺産登録推進協議会、ググっとぐんま写真館、熊野本宮観光協会、群馬県、（公社）びわこビジターズビューロー、国立西洋美術館、佐渡市、島根県立美術館、白神山地ビジターセンター、知床斜里町観光協会、新日鐵住金（株）八幡製鐵所、天龍寺、富岡市、奈良県ビジターズビューロー、平泉観光協会、三菱重工業（株）長崎造船所、薬師寺、屋久島観光協会

表紙写真 国立西洋美術館　©国立西洋美術館

必ず一度は訪れたい！
日本の世界遺産ガイド

2016年8月25日　第1刷

編著　かみゆ歴史編集部

発行人　山田有司

発行所　株式会社　彩図社
東京都豊島区南大塚3-24-4
MTビル　〒170-0005
TEL:03-5985-8213　FAX:03-5985-8224

印刷所　シナノ印刷株式会社

URL　https://www.saiz.co.jp

Twitter　https://twitter.com/saiz_sha

©2016.saizusha printed in Japan.　ISBN978-4-8013-0170-2 C0026

乱丁・落丁本は小社宛にお送りください。送料小社負担にて、お取り替えいたします。
定価は表紙に表示してあります。
本書の無断複写は著作権上での例外を除き、禁じられています。